I0836072

Negociando en Asia:
Desafíos y perspectivas

Negociando en Asia: Desafíos y perspectivas

Irl M. Davis
Fundador y CEO de A/D Electronics, Inc
Y de
A/D Electronics Hong Kong, Ltd.

Global One Productions
New York Lincoln Shanghai

Negociando en Asia:
Desafíos y perspectivas

ISBN: 09-89-08391-8

Impreso en Colombia - Printed in Colombia

Impreso por D'Vinni Ltda.

¡Una guía que debe ser leída por cualquier persona vinculada a los negocios que desee expandirse al mercado internacional!

A mi madre, Orlena, quien me dio compasión. A mi padre, Irl, quien me dio la pasión por la empresa. A mis hijas, Dea y Molly, quienes me dieron su total devoción. A Carolyn, quien me dio su amor incondicional. Con todos ustedes estoy eternamente agradecido.

Contenido

Acerca del autor xvii
Por qué leer este libro xix
Introducción 1

CAPITULO 1 **La Jornada** 3
Mi jornada personal 5
Fronteras globales: 6
¿El Nuevo Oeste? 6
¿Qué es la Globalización? 8
¿Qué se cruza en el camino? 9
El empresario global 10
Un paso en el futuro: 11
La videoconferencia y más allá 11
El perfil de su nueva compañía 13

CAPITULO 2 **China: ¡Una tierra de misterio majestuosidad y... dinero!** 17
Un americano en el extranjero: 19
Algo divertido ocurrió camino a China 19
China 101: 22
Una perspectiva histórica 22
Lo que aprendí: 23
6 lecciones de mi viaje a China 23
La importancia de un mentor 26

Otros consejitos: 27
Enfocándose en China 29
La realidad económica y política actual de China: 34
Hechos contra ficción 34
Algunos de los desafíos de China 35
Conducir a Vietnam 36
¿Pérdida de empleo en Estados Unidos por causa de China: 37
Amenaza o mito? 37
El nuevo liderazgo está enfrentando algunos de estos retos 38
Inversionistas extranjeros directos: 40
Su parecer 40
¿Qué no funciona? 41
El futuro de China (Russell, G., op. cit.) 41

CAPITULO 3 **Mayores opciones y oportunidades en China: Evaluando empresas tituladas en el extranjero** 45
Regulaciones de las WFOE 47
El examen y los procedimientos de aprobación de una WFOE 47
Escogiendo la ubicación correcta 49
Temas del medio ambiente 50
Procedimiento general de establecimiento 50
Operaciones: 52
Temas principales de impuestos para la WFOE 54
Políticas y comparación de inversiones entre las WFOE dentro y fuera de las Zonas de Libre Comercio 58
Comparación de políticas entre una compañía extranjera establecida dentro y fuera de una ZLC 59
Hacer o no hacer la WFOE: 61
Consideraciones y conclusiones importantes 61
Estructura de una WFOE manufacturera 63

CAPITULO 4 **Vietnam: Destruyendo el misterio de Hollywood** 65
El punto de vista de los negocios 66
Personas, lugares y cosas 70
Directo al grano: 72
El negociante japonés 72
Una semana en Vietnam: 73
Café, bagre y conveniencia 73

Los túneles: 75
Lecciones aprendidas; conocimiento acumulado 75
Costumbres y Cultura 77
El 13 de la suerte: 80
La docena de consejos de un panadero 80
¿La palabra final? 82

CAPITULO 5 **Interactuando con Corea: La formación de un empresario internacional** **83**
Antes del extranjero 85
Pero antes… 88
Un poco de antecedentes 88
"¿Comer el perro o no comerlo?" 90
¡Esa es la cuestión! 90
El viejo baile y la vieja canción, o: 92
Bebiendo y bailando hacia el trato de negocios 92
Norte, Sur, Este, Oeste: 97
La apretada jugada global 97
El viaje en tren de la lealtad: 99
"Songshilhan" 99
Los Sí y los No culturales 101

CAPITULO 6 **Taiwán: Una parte de China que no es parte de China** **105**
¿Dónde queda Taiwán? 107
Antes de los años 1600 108
El siglo XVII 108
El siglo XIX 109
El período japonés 110
Luego de la Segunda Guerra Mundial 110
El comienzo de la ley marcial 111
El Taiwán moderno (y yo) 112
Fábricas de campo 113
Algunas cuantas costumbres sociales en Taiwán 115
Gente sin país 120
La no comprensión de los métodos de negocio 121
Consideraciones multiculturales con el pueblo de Taiwán 124
Unas palabras de aviso 125
(De la experiencia personal) 125

El Futuro ... 126
Palabras de despedida ... 128

CAPITULO 7 **El Expatriado- Un empleado de alto riesgo para el entrepeneur global** ... 129
Expatriar o no expatriar
Esa es realmente la pregunta ... 130
La necesidad de rapidez ... 132
El Efecto Híbrido ... 137
El Efecto Rey ... 138
El éxito está a 4 pasos ... 143
Desarrollar un Programa de Entrenamiento ... 143
Contratar a la persona correcta ... 145
Evaluaciones en desarrollo ... 149
Terminando el trabajo ... 150
Nación de repatriados ... 151
Encontrar a la persona correcta ... 154
Palabras de despedida ... 157

EPÍLOGO: **Enfrentando el futuro: ¿Está trasladándose el mundo de la manufactura a China?** ... 159
LLJG ... 162
WFOE ... 164
Una oficina sencilla de representación ... 164
Volviéndose creativo:
Tengamos en cuenta la protección a la propiedad intelectual ... 165
Ensuciándose las manos ... 166
Usted escuchó lo que yo estoy pensando, pero…
¿Qué están pensando los chinos? ... 166
El tamaño sí importa (a veces) ... 167
Investigación & Desarrollo:
Necesaria y en aumento ... 168
La propiedad exclusiva prevalece ... 169
¡Ubicación, ubicación, ubicación! ... 170
El (alto) costo de la información ... 170
Enfrentando lo obvio ... 171
Unas palabras de precaución ... 173
Palabras de despedida ... 175

APÉNDICE **Lecturas recomendadas para el empresario americano en Asia** 177

Referencias/Notas finales 181

Índice 183

Reconocimientos

Ha sido un recorrido apasionante. Si no hubiera sido por un grupo consagrado de personas dedicadas, mi inspiración todavía iría por el primer capítulo.

Mi agradecimiento a Rusty Fisher, quien me animó a continuar escribiendo. Gracias también al equipo de trabajo de A/D Electronics, especialmente a mi socio y amigo Tom Spencer. Quiero también agradecer al World Trade Center en Tacoma, Washington.

Quiero hacer un reconocimiento a Dezan Shira Ltda. por la ayuda y apoyo brindados a mi compañía en China. Ellos son un gran ejemplo de recursos profesionales para el empresario, y se les puede contactar a través de www.dezshira.com.

Las personas descritas en este libro son ficticias y representan veinte años de experiencia, y son simplemente una manifestación de mi opinión. Cualquier parecido con la realidad es puramente coincidencial.

Algunos hechos específicos fueron obtenidos a través de bancos de datos en la Internet, como también del libro *China Briefing* de Dezan Shira, también disponible en la Internet.

Acerca del autor

Irl Davis es fundador y director general de A/D Electronics Inc. y de A/D Electronics Hong Kong Ltda. Su compañía es ampliamente reconocida como líder mundial en el abastecimiento de componentes electrónicos y fue galardonada en febrero del 2005 con el premio "Washington State Marco Polo Award" por su gran éxito en el campo del comercio internacional.

Nació en una granja en la parte norte central de Oregon, donde fundó su primer negocio a los trece años de edad. Este fue un negocio de verano que le permitió terminar sus estudios universitarios y comenzar su carrera en el mundo corporativo. Entre 1971 y 1984 tuvo la oportunidad de viajar por Estados Unidos, Europa, América del Sur y América Central, lo que le dio la experiencia para fundar su compañía, A/D Electronics en 1984. Ya en 2003 había dirigido negocios en más de 15 países diferentes, como Vietnam, Taiwán, China, Hong Kong, Corea del Sur, Japón, Singapur, Malasia, Filipinas, Rusia y México. Su experiencia en esta diversidad de países le proporcionó la destreza necesaria para la creación de exitosos centros de manufactura y distribución a escala global.

Es graduado en Ingeniería Electrónica y ha sido conferencista invitado de varias organizaciones, incluyendo el World Trade Center en Tacoma, Washington, y el Tacoma Community College. Ha sido asesor de muchos negocios nuevos que ingresan el mercado global y es miembro del concejo de directores del World Trade Center en Tacoma.

Es el creador también de "Global One", una nueva división de servicio que ofrece una fuerte infraestructura para otorgar facultades a otras compañías que desean crecer y tener éxito en el mercado global actual.

El autor comparte su hogar con su querida esposa Carolyn, cerca de Gig Harbor, Washington, y puede ser contactado vía correo electrónico a la dirección *irld@adelectronics.com*. Si desea información respecto a A/D Electronics Inc, puede obtenerla en la página *www.adelectronics.com*. Para información adicional acerca del autor consulte *www.irldavis.com*.

Por qué leer este libro

"Lo que está sucediendo en Asia es el desarrollo más importante a escala mundial. Nada se le iguala... en todo el planeta. La modernización de Asia por siempre redefinirá el mundo mientras nos movemos hacia el próximo milenio"

-John Naisbitt, Megatrends *Asia*

- ¿Está usted planeando expandirse internacionalmente?
- ¿Cree usted que para mantenerse competitivo en el mercado actual debe transferir su operación industrial a un país extranjero?
- ¿Está considerando expandir su línea de productos hacia alguna de las economías de más rápido crecimiento del mundo?

Si su respuesta fue afirmativa a alguna o a todas las preguntas anteriores, Irl Davis, fundador y director general de A/D Electronics Hong Kong Ltda., tiene el libro que usted necesita.

¡Negociando en Asia: Desafíos y perspectivas es una lectura obligatoria para todo aquel empresario o persona de negocios que desee expandirse al mercado internacional!

¿Por qué este libro? Considere lo siguiente: China es en la actualidad la economía consumista de más rápido crecimiento en Asia y los economistas predicen que pronto sobrepasará a Japón como la economía más grande de Asia y la segunda más grande del mundo. (No es un error tipográfico, va a ser la segunda economía más grande del mundo). Además de China, otras economías asiáticas continúan creciendo y expandiendo su operación industrial. Colectivamente, la región del Sureste Asiático ofrece una población de más de 250 millones de consumidores, trabajadores y gerentes y continúa creciendo a pesar de la actual baja económica del mundo. La mayoría de los gobiernos asiáticos son estables y abiertos a los negocios, y están constantemente buscando inversión extranjera de compañías como la suya.

¿Pero cómo puede usted hacerlo? ¿Cómo saber cuál es la documentación pertinente, el tiempo estimado de viaje, las diferencias culturales, las barreras del lenguaje y asuntos políticos que son inherentes al hacer negocios en el extranjero?

¿A quién dirigirse para buscar ayuda? ¿En quién puedo confiar en una tierra extranjera? No vaya muy lejos porque Irl Davis ha estado ahí, lo ha hecho y ahora comparte esa experiencia con usted a través de su nuevo libro *Negociando en Asia: Desafíos y perspectivas.*

Este libro también comparte con sus lectores las costumbres locales que puedan ser un tropiezo si no se conocen bien, y contiene numerosas anécdotas personales que están escritas con estilo folclórico, en ocasiones divertido pero de ninguna manera disparatado.

¿No es tiempo de considerar hacer negocios en Asia?

Cuando lo haga, *Negociando en Asia: Desafíos y perspectivas* será su guía de consulta.

Introducción

Como podemos verlo claramente, el mundo está cambiando y la accesibilidad a los nuevos mercados mundiales está favoreciendo a los dueños de pequeños negocios. No sólo estos mercados se están volviendo accesibles sino que también se están convirtiendo en una necesidad para nuestra propia supervivencia y tenemos la obligación de participar si queremos sobrevivir y, efectivamente, prosperar. Nunca antes habíamos visto un mercado de tal expansión y tantos competidores tratando de capturarlo.

La comercialización mundial y la globalización ya no son para las grandes multinacionales; se han abierto para las pequeñas y medianas compañías también.

Aprender de la experiencia de otra persona es la manera más directa de saber qué esperar. Este libro está basado en algunas de mis primeras experiencias que podrían tener un impacto relevante en su negocio. Si está considerando entrar al mercado global o ha comenzado ya su propia jornada (ahí está esa palabra otra vez), este libro puede ayudarlo a modificar su comportamiento para lograr sus metas.

Hace varios años, me encontraba reunido en Shangai con unos oficiales del gobierno tratando el tema de los negocios que surgían por el área. Me comentaron que sus estadísticas mostraban que yo era uno de los pocos (en la categoría del 1%) negocios extranjeros que aunque no se asociaron con una empresa china, se forjaron como una organización enteramente extrajera.

Yo simplemente sonreí y no les conté que en los comienzos este movimiento tan audaz no era necesario hacerlo adrede, pero era de gran necesidad (como resultado de la falta de fondos.) En este viaje de dos décadas he tenido experiencias que me han abierto los ojos y que quiero compartir con la persona que emerge en el negocio global. Yo hago eso ahora. La cantidad de mercados que atendamos hará que nuestro negocio se distinga en el siglo veintiuno por su capacidad y no necesariamente por el mercado.

La globalización cambiará la naturaleza de la oportunidad y la competencia. La intención de este libro es ayudar a la persona de negocios a captar esta oportunidad, y con esto dicho, creo que es el momento de comenzar nuestro viaje.

¿Está usted listo?

Si lo está, demos ese valeroso paso juntos...

1

La Jornada

Me tomó tiempo y dificultad definir el título del primer capítulo del libro. Eso no me pasa a menudo. En mis negocios, las decisiones se toman estrictamente, y una vez las tomas te tienes que ceñir a ellas. (¿Suena familiar?)

¿Pero un libro? Hombre, ¡suena muy largo! Yo sabía que algo que fuera lacónico y ligero no iba a resultar: éste no es un libro de texto y no deseo que usted se la pase consultando todo tipo de diccionarios para poder sacarle el mayor provecho. Algo irreverente y caprichoso tampoco funcionaría. ¡Aunque debo admitir que estuve tentado a buscar mi tan manoseada copia, siempre a la mano, del libro *1.001 Jokes for Book Introduction Writers!* (Mil y un chistes para escritores de introducciones de libros!)

Así que fui por el camino de cuanto menos mejor y titulé el primer capítulo simplemente "La Jornada".

Porque en definitiva de eso es de lo que realmente se trata este libro. No sólo de la jornada física que usted, un colega o hasta su compañía podrían llevarlo a Asia. Sí es eso, pero es mucho más también. Este libro se trata de la jornada en la que usted se encuentra ahora. Las posibilidades son que usted haya comprado este libro porque su compañía se encuentra en una encrucijada: expandirse o reducirse, cambiar o suspender, ir hacia adelante o quedarse atrás.

El hecho de que usted haya comprado este libro con Asia por título significa que está consciente de la tendencia que existe hacia la globalización y que tiene la capacidad de mantenerse a su paso. ¿Pero cómo? ¿Qué tiene que hacer? ¿Qué herramientas necesita? ¿Cómo cambiarán usted y su compañía? ¿Cómo serán usted y su compañía dentro de un año? ¿En cinco años? ¿O qué tal diez años? ¿Cuál, en realidad, es el primer paso?

No puedo contestarle todas esas preguntas; por supuesto que ningún autor podría. (A menos que usted esté escribiendo su autobiografía, ¡eso es!) Pero lo que yo *puedo* decirle es: no importa el camino que tome, no importa qué país usted y su compañía "invadan", no importa cuál sea su próximo paso, no puede empezar sin primero emprender un tipo de jornada. Puede que sea en este momento tan simple como una jornada de información. Encontrar recursos, buscar información en páginas de Internet, suscribirse a una revista dirigida a empresarios globales. Puede que sea una jornada física a China, a Taiwán o a cualquiera de los otros países mencionados en él índice.

Puede que hasta sea una jornada filosófica. Un sinfín de interrogantes como de que tal si y quizás esto o aquello, posiblemente surjan en su próxima junta, una copia de este libro frente a cada empleado. Es muy probable que sea una jornada personal.

Espero poder ayudarle.

Mi jornada personal

Mi jornada comenzó a partir de que simplemente me di cuenta de que el movimiento del mercado hacia la globalización es como un rompecabezas gigante, y que para los negocios de más éxito en la actualidad las piezas están por fin juntándose.

A medida que más y más compañías intentan entender cómo funciona el rompecabezas global, puede que no sean capaces de mantenerse al paso con los requerimientos del trabajo del mundo real.

Sólo lograrán mantenerse si sus líderes y empleados comprenden lo que pasa fuera de sus oficinas y cómo se crea un verdadero negocio global. Con suerte ahí es donde entro yo. La primera vez que puse el pie fuera de un avión en un país extranjero, me sentí estimulado, emocionado, con deseos de aventura, pero también intimidado. Todos esos sentimientos juntos... lleno de ilusiones, dudas y ansiedad, comencé los viajes internacionales de negocios a principios de los setenta.

Aquellas fueron épocas embriagadoras para mí y para la compañía que comenzaba, y muy a menudo volé con muchas limitaciones, pero por lo menos estaba volando. Había pocos libros como éste, tal vez ninguno, disponibles en aquellos días, y aunque iban a pasar años, décadas quizás, antes de que yo tomara papel y lápiz, de muchas maneras, yo ya estaba escribiendo mi propia guía de hacer negocios en países extranjeros.

Años más tarde, armado con una década de experiencia y con el ojo puesto en la ola futurista, mi empresa de negocios asiáticos comenzó a principios de los ochenta. Tal vez yo era la mitad de Lewis & Clark; ver otra cara occidental en la China rural en esos tiempos era algo verdaderamente extraño.

No sólo se trataba de una jornada de proporciones globales y consolidada en su mayoría sólo por mí, también fue como una jornada de conocimiento, educación y de negocios perspicaces. Como resultado, construir los conceptos básicos de una relación y la confianza más allá de los límites culturales, se convirtieron en elemento crítico para el éxito.

En el camino he recibido lecciones divertidas y otras que me han llenado de ansiedad. (No se preocupe, usted está a punto de leer acerca de la mayoría de ellas, y espero que las disfrute pero que las trate de evitar más tarde).

Mi jornada global por Asia estuvo llena de episodios risibles, placer, éxito en los negocios, proyectos fallidos y hermosas amistades que, me alegra decirlo, continúan hasta este día.

Puede que usted esté preguntándose por que escribí este libro. Debo admitir que no fue un acto enteramente voluntario. Escribí este libro acerca de mis experiencias en Asia fue porque me estimularon muchas personas que me hacían preguntas. Estas preguntas venían de personas que estaban en negocios que comenzaban su jornada; estudiantes curiosos y fascinados por lo empresarial, y después al escuchar las mismas preguntas una y otra vez, estuve de acuerdo con ellos: alguien tenía que escribir un libro.

Fronteras globales:

¿El Nuevo Oeste?

El actual sentido de proyectos empresariales me recuerda la época de los pioneros del viejo oeste americano. Ampliarse para alcanzar nuevos mercados para mejorar sus compañías, a ellos mismos y a sus familias. En aquella época eran los viejos vagones y sus costumbres, que fueron reemplazados por los tiquetes aéreos y las computadores portátiles. Pero su alma aventurera sigue siendo la misma.

Mientras nuevos productos y servicios saturan los mercados existentes, debemos mantenernos actualizados con la competencia y unirnos a la expansión empresarial global. Si no lo hacemos estaremos enfrentándonos a la extinción. Mira a tu alrededor; la oportunidades están por todas partes. Cuando comencé mi compañía lo hice desde el sótano de mi casa y estaba solo. Había recibido un préstamo de mis padres, hipotecado mi casa y sobrepasado los límites de mis tarjetas de crédito (por cierto que no recomiendo esta práctica). En retrospectiva suena emocionante, codicioso y hasta atrevido, pero en su momento fue extremadamente aterrador. Tuve una visión que debía ser observada a través de materialización, y hasta la fecha estoy orgulloso de que mi idea fue producto de la necesidad y no de la codicia. Esta idea particular empresarial estaba basada sobre la simple visión de que ofreciendo productos de costo efectivo a los clientes, al igual que brindándoles un programa de servicio y apoyo excepcionales, serían la combinación perfecta y triunfadora. Lo que pasó en realidad fue que de hecho acorté la cadena de suministro del cliente, acercándolo más al material bruto que necesitaba y disminuyendo sus costos, mientras aumentaba su control. Esto, unido al deseo de construir una relación estrecha con mis clientes y con mis proveedores, me llevó a que mi negocio pasara de una operación de arranque hacia la prosperidad.

No fueron sólo la suerte y el trabajo duro los que me sacaron del sótano y me llevaron a la sala de conferencias. La clave para abrir esta puerta fue la construcción de relaciones estrechas. Inicialmente nos dimos cuenta de que teníamos una oportunidad cuando los clientes nos hicieron pedidos basados en nuestra habilidad de proveer productos costo-efectivos. Éramos apenas buenos vendedores, pero ser un buen vendedor es sólo el primer pasó (aunque es uno crítico). Si no puedes obtener un pedido (conseguir un contrato o alguna forma de acuerdo con alguien que te va a dar dinero a cambio de un producto o servicio), todo lo que hagas será considerado "turismo".

No me voy a meter en el campo global de las ventas (eso podría ser otro libro. Ahí va una idea). Por eso, a menos que pueda probarse a usted mismo que puede conseguir un pedido a escala nacional, ¿por qué perder tiempo y dinero expandiéndose al territorio global?

Como decía mi viejo profesor de la universidad: "No pongas el carruaje delante del caballo". Primero debes asegurarte de que puedes vender (y lograr el pedido de oro) antes de hipotecar tu casa y comenzar un nuevo negocio, global o diferente.

Al comienzo, nuestra relación con los clientes (y clientes potenciales) nos permitió expandirnos hacia otros países. Nuestra confianza mutua nos dio la flexibilidad necesaria para experimentar la reducción de la cadena de suministro para ellos, lo cual se tradujo en el secreto de nuestro éxito. Había otros secretos en mi futuro. Aprendí rápido que lo que funcionaba a nivel estatal no siempre funcionaba en el extranjero. Había lecciones perspicaces que aprender, errores que cometer y conocimiento que adquirir en casi cada una de las transacciones extranjeras a realizar.

El comprender las diferencias culturales y el interés por la historia multicultural me ayudaron a desarrollar una sensibilidad hacia las diferentes técnicas de negociación –que con frecuencia varían de un país a otro- y me permitieron integrarlas a mi habilidad de que las cosas se hagan en una tierra extranjera.

Pienso que esa experiencia es la mejor maestra. En el camino, la lectura, encontrar un buen mentor y obtener entrenamiento formal, son sin duda de gran ayuda, pero este trabajo está, sin la menor duda, diseñado para prepararlo a usted a entrar en los eventos reales del mundo actual que van a resultar y que con toda seguridad van a necesitar de su atención. Usted tal vez sólo *quiera* ensuciarse las manos, pero tiene la obligación de meterse en él.

Mi jornada personal comenzó metiéndome literalmente hablando en Asia y desarrollando un negocio global desde sus cimientos. Algunas de estas experiencias las estoy compartiendo con ustedes con el deseo de que aprendan, rían y se sientan menos ansiosos por lo que vaya a suceder cuando finalmente puedan poner un pie fuera del avión e inicien sus propias jornadas.

Sé que todos estamos ocupados y que hay países que nos son mucho más atractivos que otros. Le sugiero que una vez comience a leer este libro lea todos sus capítulos, ya que hay partes en la sección sobre Corea, por ejemplo, que se pueden aplicar a otros países o viceversa Adicionalmente, leyendo sobre las sensibilidades culturales de estos países específicos, eventualmente se dará cuenta de lo importante que es entrenar apropiadamente a sus gerentes. Comprender las diferencias culturales es relevante para poder dirigir un negocio en Asia y más allá.

He separado el capítulo sobre experiencias con expatriados del capítulo que habla de los países específicos, ya que es posible que quiera volver a revisar la sección de los expatriados después de unos cuantos meses de trabajo en el campo. Su propia experiencia hará el capítulo más relevante. Esta sección es importante para *cualquier* persona dedicada a los negocios que considere contratar a un expatriado en *cualquier* país. He decidido hacer un perfil en las paginas que siguen.

Manténgase prevenido al comenzar la investigación: la cantidad de información sobre globalización es enorme y se vuelve mas grande cada vez. No importa cuán seguro esté usted acerca de expandirse al extranjero, puede notar que la globalización en un tema popular y algo que debe ser tomado con seriedad por el hombre de negocios moderno.

Mi enfoque hacia este océano de información –obviamente este no es el único libro sobre negocios en el extranjero- está encaminado a proporcionarle historias acerca de mis experiencias de la vida real. ¿Por qué? Espero que los ejemplos de mi vida real ayuden a los lectores a prepararse para sus primeros o segundos pasos en la expansión de sus negocios y que ayude a poner la información en una perspectiva apropiada.

Antes de comenzar con mis experiencias, no obstante, es importante entender la percepción de globalización y qué significa realmente para usted como un *empresario americano.*

¿Qué es la Globalización?

Estoy asombrado por lo mucho que utilizamos la palabra *globalización* en nuestro vocabulario actual y que aún pocos comprendamos el verdadero significado de esta palabra, aunque la usemos con tanta frecuencia.

El siglo XXI ha traído esta resonante palabra al inventario de las más utilizadas y menos comprendidas de nuestro vocabulario. El problema es que mucha gente (los comentaristas son los mayores culpables) no tienen suficiente comprensión de elemental economía para utilizar esta palabra apropiadamente. En efecto, me parece que la mayoría de la gente está sujeta a los asuntos políticos y sociales de sus estados y no a los económicos. ¿Pero no es en los asuntos económicos donde nosotros, los negociantes, debemos enfocarnos? Para entender mejor los conceptos de la verdadera globalización es importante mirar mas allá de este intercambio (la economía y por que la mercancía fluye como nosotros creemos que lo hace). Una vez en el plano nacional, es políticamente razonable mirar la globalización desde una perspectiva nacional-social.

Yo discuto esta perspectiva ya que no hay conexión entre los estados de la nación y las entidades económicas dentro de la nación. Ya puedo oír un estruendo de argumentos en respuesta a esta declaración, pero creo que puede encontrarse con discusiones sobre este tema en los pasillos (bolas de naftalina) de las viejas bibliotecas y academias. Así que no es ciertamente un nuevo ni único tema de discusión. Y discuto que los intercambios económicos se lleven a cabo entre compañías (organizaciones) más que entre naciones o grupos de los estados nacionales.

La globalización no se trata solamente de comercio. Se trata de la asignación de recursos. Uno no puede medir la globalización en estadísticas o por el crecimiento de un negocio internacional. No es sólo sobre mercadeo y ventas en otras partes del mundo, y por tanto no está limitada a las estadísticas.

Si esto es cierto, ¿entonces qué caramba *es* la globalización?

Para ayudarnos a definir este término vamos a mirar las teorías de comercio internacional y políticas de comercio. La primera trata acerca de la política alrededor del intercambio de productos (que podrían ser servicios, materiales o solamente un intercambio de ideas)y la segunda, de la política de lo que se percibe como razones (para globalizar) basados en asuntos que conciernen a los social y a lo político (ejemplo: normas políticas).

¿Recuerda las viejas clases de economía? ¿Quizás recuerde la época de Economía 101? La economía pura no tiene dimensiones morales ni sociales. Si lo hace, caerá en las normas socio-políticas y no son económicas (aunque es cierto que la economía puede afectar las normas socio-políticas).

No perdamos el hilo. La globalización se trata de desarrollar las habilidades de una compañía para utilizar los recursos del mundo para entonces poder satisfacer la demanda (y hacerlo beneficioso) sin importar su localización.

Sólo colóquela; todo consiste en colocar su compañía para que pueda escoger un mercado. Sin embargo, no se trata para nada sobre mercadeo y ventas. Se trata de obtener e incrementar la competencia de la compañía para hacerla beneficiosa. Esta es la razón por la cual la globalización no está restringida a las grandes compañías.

Es para todos.

Y es por lo que los negocios pequeños como el suyo y el mío deben globalizarse, para mantenerse vivos.

¿Qué se cruza en el camino?

Si miramos el propósito que existe detrás de la GATT (General Agreement on Tariffs and Trade) (Acuerdo General sobre Tarifas y Comercio) y de la WTO (World Trade Organization) (Organización Mundial del Comercio), es esencialmente la de "reducir las barreras físicas y administrativas del comercio internacional".(Rusell G., China .WTCT, Tacoma, Washintong, 2003). Sin embargo, si observamos cuidadosamente, la GATT y la WTO están en realidad más preparadas para prevenir el crecimiento económico racional que para estimularlo. ¿Por qué? Recuerde que la economía pura no es sobre justicia social e igualdad de oportunidades.

De ninguna manera estoy tratando de decir que la igualdad de oportunidades no sea importante; sólo quiero asegurarme de que el lector entienda el verdadero propósito de las organizaciones socio-políticas de las naciones y por qué ellas afectan su compañía en particular y a todas las compañías en general.

Creo personalmente y con entusiasmo en la igualdad de oportunidades y la justicia social. Sin embargo, debemos tener en cuenta que esos lujos filosóficos tienen su precio. La economía de los buenos negocios mira todos los factores activos (incluyendo sociedad, estados de naciones, individuales, etc.)

La clave es obtener un balance. La WTO y la GATT tienen la oportunidad de crear un mundo donde no existan los límites, pero su verdadero reto será manejar los efectos sociales negativos del progreso mientras se lleva a cabo ese proceso.

Bueno, vamos a extender ésto un poquito más allá. Otro factor que se atraviesa en el camino de esta discusión sobre economía pura es la cultura del país, la historia y las creencias individuales, junto con el clima político del país de su elección. Esta carga se duplica fácilmente cuando usted toma en cuenta sus propias creencias, su propia cultura y el clima político de su país. (¡Wow, esa es una carga grande!) Es muy importante saber que en el mundo actual (y en el del mañana) ser un empresario exitoso requiere que no sólo se enfoque hacia ciertos desafíos, pero que de hecho supere todos esos desafíos.

El empresario global

La globalización cambia las actividades de los gerentes y también cambia los requerimientos gerenciales como tales. Creo en que los sistemas de gerencias basados en procedimientos (por ejemplo: si yo me encuentro con *a*, entonces hago *b* de esta manera, siguiendo los lineamientos basados en procedimientos históricos o comprobados) deben cambiar debido a las exigencias de la globalización.

El nuevo sistema debe ser más dado a otorgar poderes individualmente y también debe estar basado en el desempeño multicultural. Por ejemplo, usted no puede imponer ventas basadas en el blanco (o definidas) sobre estadísticas nacionales o procedimientos nacionales aprendidos.

En otras palabras, usted no puede actuar sobre estas facetas con una mentalidad nacionalista (fije el criterio de ejecución basado en el conocimiento nacional, etc.)

Estas son simplemente una cantidad de palabras para decir que usted no puede pensar como un francés o como un americano cuando esta tomando en consideración la globalización. Debe pensar como un director global y no seguir manejando su compañía como si fuera una compañía francesa o americana (o del país en el cual usted resida).

Usted no puede pensar en términos de tipos de productos y de países sino en términos de clientela. La cadena de abastecimiento debe ser vista ahora como el segmento del mercado. Esta es una declaración gigante cuando se tiene en consideración como pensamos hoy, pero es el corazón de la globalización y es algo a lo cual debe acostumbrarse mientras el futuro marcha constante hacia adelante, con o sin usted.

Muchos empresarios ya exitosos se van a lo global para al final sucumbir ante la frustración y el fracaso. Mis amigos en Beijing, por ejemplo, encuentran que el 89% de los negocios extranjeros que intentan afianzarse en China fallan por falta de entendimiento cultural y/o de comprensión de la "la forma china de hacer negocios". Entonces, ¿cuál es la lección que podemos sacar de esta discusión? Ya no podemos exigir que la manera en que estamos actualmente llevando a cabo los negocios sea la forma en que vamos a continuar, especialmente con todos los factores únicos e incontrolables que la expansión a un país extranjero trae a la mesa. A medida que nos vamos adentrando en el siglo XXI, no tenemos elección si es que queremos tener éxito en el nuevo mundo de los negocios. Pero primero, demos ese gran paso.

Un paso en el futuro:

La videoconferencia y más allá

Una de las causas principales de nuestra acelerada globalización es la Información Tecnológica o IT, transformación que actualmente estamos viviendo. La forma en que nos comunicamos ha evolucionado rápidamente.

A principios de los setenta, la Corporación Xerox era líder (si no la única compañía de la época) especializada en comunicación tecnológica. Recuerdo la precursora de los fax; se llamaba telecopiadora ¡y transmitía un documento en menos de 3 minutos! En esa época era un aparato verdaderamente extraordinario. El único problema era que se hacia necesario tener el mismo aparato al otro lado de la línea telefónica.

En el tiempo que comencé mis negocios, la única forma de comunicarme efectivamente con las fábricas de Asia era con télex. Este era un aparato en el que usted escribía su mensaje y al mismo tiempo éste iba haciendo unos huecos en una cinta de papel de una pulgada de grosor. Había que insertar esta cinta en un lector y marcar al otro télex; entonces su máquina transmitía el documento y automáticamente se escribía el mensaje en la máquina del otro lado.

En la mitad de los ochenta, la tecnología de la telecopiadora se transformó en lo que llamamos hoy fax. Esta adaptación concreta literalmente transformó mis negocios de un día para otro. Por ejemplo, podíamos ahora mostrar una foto de lo que no podíamos decir por teléfono o télex. Las fotos de productos o conceptos son mucho más fáciles de visualizar que de verbalizar (especialmente cuando verbalizarlos significaba transferir cientos de pequeños orificios perforados).

De pronto, ya éramos capaces de establecer comunicación sin saber el lenguaje, dialecto o costumbres de la persona al otro lado de la línea telefónica. En poco tiempo, gracias a la nueva tecnología, nuestros negocios se duplicaron.

Así mismo, siento que estamos en el camino hacia otra nueva transformación en la comunicación a través de países, cultura y lenguaje. La videoconferencia, creo, será para las compañías modernas lo que el fax fue hace 20 años. Sí, la videoconferencia ya está disponible, pero a un alto costo y para compañías de gran presupuesto. Se han tomado ya medidas para que la videoconferencia esté disponible para el pequeño comerciante. Computadoras Apple y sus productos iSight son ejemplos de estos artefactos.

Cuando esta tecnología se perfeccione, nos será posible sostener un producto y tener conversaciones en vivo con los departamentos de R&D alrededor del mundo. Podremos participar, en tiempo real, en reuniones de equipo mientras que cada miembro puede estar en un país diferente.

El impacto de la videoconferencia en los pequeños negocios globales será sustancial, por decir lo menos. Se parecerá a lo que hizo el fax por mi compañía (y con suerte, con los mismos resultados). El perfeccionamiento de la comunicación a través de las fronteras culturales, en tiempo real, será la clave de competencia hacia un futuro de éxito.

Como todos sabemos, la Internet ha cambiado la forma en que obtenemos la información y, una vez mas, ha cambiado la manera en que nos comunicamos. Ahora podemos tener conversaciones en vivo en la Internet (*instant messaging,* iChat, Yahoo, etc.).

Existen miles de libros que se han escrito sobre esta revolución en la comunicación pero, al igual que en este libro, la vida real le gana a la teoría todo el tiempo. Nunca antes la información había estado tan a la mano, ni la necesidad de volverse un experto había sido tan crucial).

Este *momentum* llevará la videoconferencia desde el mero realismo de la ciencia ficción hasta los medios viables de la comunicación con personas al otro lado del mundo. Hoy en día he visto pequeños negocios conversar con sus miembros utilizando el revolucionario iChat de Apple. El uso de la Internet es barato y la recompensa es grandísima.

Este tan asequible mundo de la computación está nivelando el campo de juego.

No hace muchos años estaba disponible solamente para compañías que manejaban mucho efectivo. Hoy, el pequeño comerciante puede competir con otros dentro de este mercado global.

A pesar de la tecnología, sin embargo, la pregunta básica sigue siendo: ¿cómo poder satisfacer a los clientes que ahora tienen una elección global?

Ya no se percibe como un sacrificio entre precio y calidad. La globalización ahora ofrece mejores convenios para los clientes. La tecnología informática es la piel que mantiene todo esto junto.

Hoy nos estamos enfrentando con una mejor información y con clientes mejores informados, quienes tienen acceso a mejores elecciones. Todo esto sitúa un espejo gigante enfrente de nosotros y nos pregunta: ¿cuál es nuestra verdadera virtud? Preveo un final para la cadena con base de comercio. Una cadena con base de comercio tiene un intermediario importando y otra persona conteniendo las existencias y otro más podría estar vendiendo el producto. Cada organización está marcando el producto antes de que el cliente compre.

La infusión a la tecnología informática y el conocimiento de ella está exigiendo que haya una mejor utilización de los recursos. Los métodos entre el proveedor (principal) y el cliente final serán mejor utilizados. Los métodos serán integrados e interactivos. Se convertirá entonces en un método de suministro–demanda.

Todo esto requiere que nos convirtamos en organizaciones ágiles. Lo que quiere decir que tenemos la obligación de utilizar todos los recursos (incluyendo estaciones de red, páginas web, gente y otras organizaciones).

Las organizaciones de éxito acortarán la cadena de suministros para sus clientes. Haciendo ésto nos volvemos más competitivos.

El perfil de su nueva compañía

Para ser una compañía de éxito en el siglo XXI, es importante ver los nuevos requerimientos antes de que los implementemos. Se está volviendo mucho más obvio que los directores necesitarán retirarse de lealtades nacionales, especialmente cuando comenzamos a cambiar las prácticas pasadas y comenzando a integrar los nuevos procesos que emergen con rapidez. El cambio a la globalización abre mercados nuevos para todos, pero también abre estos mercados a nuevos competidores. Como resultado, el mercado se vuelve incierto, el ritmo se vuelve agitado y la competencia se fortalece.

¿Cómo responder a ésto?

Se está volviendo importante crear una compañía encaminada a la cadena de suministros en vez de una reaccionaria al mercado. Vamos a explorar esto un poco más allá. Sólo hasta el año pasado me senté por primera vez con uno de mis mayores clientes. Mi compañía se estaba volviendo muy agresiva con los procesos de los clientes, y como resultado, la relación que teníamos entre nosotros estaba evolucionando rápidamente.

Inclusive, creamos nuestra propia bodega dentro de su organización global; de esta manera, asumiendo la responsabilidad de despacho, logística, inventario, globales, etc., básicamente acortamos la cadena de suministro de este cliente desde la materia prima a la fábrica en sí. El cliente ya no tenía que trabajar con tres compañías diferentes –una para bodegaje, otra para el transporte y otra para la manufactura de partes.

En los últimos años eliminamos tres pasos (eliminamos otras compañías que prestaban servicios dentro de la cadena de suministro), lo cual redujo los costos en un 40%. Durante una reunión, el Vicepresidente de Compras exigió que redujéramos el costo en un 10% adicional por año. Cuando se le preguntó qué pasaría cuando la reducción de costos se volviera más baja que el costo del material, respondió: "Le pagaremos a él para que adquiera nuestro producto!". Aunque todos nos reímos, esta historia tan común ilustra la evolución de la cadena de suministro que está cambiando la manera en que se hacen los negocios hoy.

Es por ésto que la compañía del siglo XXI se distinguirá por sus capacidades.

Será recompensada con nuevos clientes al reducir los pasos de la cadena de suministro. Por ese motivo, el mercadeo clásico y las estrategias de ventas, técnicas y prácticas clásicas no serán suficientes para el nuevo pequeño empresario. Su competitividad dependerá de sus cadenas de suministros.

¿Por qué ésto? Bueno, parte de la razón es que en el mundo de los negocios de hoy en día (business-to-business o B2B), la base del cliente está bien informada. En realidad, el cliente puede hasta analizar dónde es creado el valor de la cadena de suministro. Por este motivo, para competir en este mundo debemos basar nuestros productos (o servicios) en la eficiencia de la cadena de suministros completa.

Como un ejemplo de esto, déjeme compartir con usted una experiencia del subcontrato de un producto que recientemente llevé a cabo. Yo no fabrico el producto en mi propia instalación manufacturera. Los ensamblados vienen de otras facilidades globales que son más eficientes con R&D (diseño de ingeniería y ensamblaje complejo). Con la disponibilidad del IT (video conferencia, etc.), la coordinación se hizo bastante más sencilla. Una parte del producto era manufacturado en Rusia, otra en China y otra en USA, con el ensamblaje final en México, mientras que la calibración y empaque eran llevados a cabo en centros de mercado alrededor del mundo.

Al hablar con un número de compañías me he dado cuenta de que pocas de ellas aceptan que el desempeño efectivo en la economía global incluirá un cambio radical en la actitud y que este cambio se requerirá para que las compañías sobrevivan, sin mencionar su éxito competitivo.

¿Cómo comenzar? Para empezar hay que abandonar su mentalidad nacionalista y considerar que los negocios son del dominio en el cual se operan (o el ambiente completo en el cual se llevan a cabo).

Un negocio no puede considerar más el mercado asiático o el de América del Sur. En cambio, debe considerar que su mercado sea ilimitado, con su cadena de suministro de productos/servicios flotando a través de áreas sin fronteras.

El mercadeo para esta nueva era de servicios requerirá de una alteración total de la perspectiva. El comerciante debe dirigir su atención hacia donde se lleva a cabo la conversión del valor agregado (dónde y cuándo se agrega valor al producto que se está ofreciendo) y a lo que constituye el valor en la mente del cliente. Ya no podemos hacer negocios que estén justo al alcance de la mano: debemos desarrollar ahora una relación de mutua colaboración, no importa cuál sea la distancia entre nosotros. (Recuerde, la nueva tecnología pronto hará que la distancia física se convierta en un punto debatible).

Ya no es lo suficientemente bueno crear una marca y promoverla. El comprador en nuestro nuevo siglo es más complejo y sabe dónde se crea el valor. Para sobrevivir en esta nueva dimensión debemos apelar a la experiencia requerida por estas compañías que surgen y adaptarnos adecuadamente.

De esta manera, el trabajo de alto valor se hace donde el capital intelectual está disponible (como en el mundo de los altamente desarrollados), y la manufactura / ensamblaje de partes se hace donde la materia prima es asequible y donde la mano de obra está favorecida por su fácil acceso, lo que se evidencia en el mundo del bajo costo en desarrollo. Como directores, debemos modificar nuestra manera de ver la realidad en el surgimiento de los negocios y no en prácticas pasadas.

A ésto se le llama el futuro; está aquí ahora.

2

China: ¡Una tierra de misterio majestuosidad y... dinero!

Si todo lo que usted sabe sobre China es lo que ha leído en los individuales de su restaurante chino favorito, me gustaría invitarlo a un viaje mágico y místico a una tierra donde, un día muy cercano, pueda que se encuentre haciendo negocios. Es una tierra llena de oportunidad, esperanza, cultura, historia y encanto. Y si usted cree que se trata de un lugar un poquito muy complicado, extraño o arcaico para hacer negocios, me gustaría pedirle que reconsidere esa opinión.

Un estudio reciente indica que la taza de crecimiento actual, si se mantiene, daría como resultado que la economía china sea muchísimo más grande que las de Japón y Estados Unidos en el 2020. Ahora, si eso no es un incentivo para invertir en unas cuantas cintas de Berlitz y aprender una frase o dos de chino, ¡entonces yo no se que seria!

Pero no nos apoyemos sólo en hechos y figuras para probar mi punto. Quisiera compartir con usted *mi* experiencia en China a la fecha, como también algunas reflexiones para el futuro de la tan a menudo misteriosa China.

Mantenga en mente que cuando hablamos sobre cuestiones en América y China, hay normalmente dos lados de cada moneda. Los expertos dicen que hacer negocios en Rusia es como lanzar los dados; hay seis lados para cada una de sus monedas.

Bueno, si los dados rusos tienen seis lados, los chinos tienen siete; seis lados que usted puede descubrir pero un séptimo que nunca verá. Pero aunque China guarda muchos de sus misterios para sí, existen todavía cantidades de negocios que encontrar y una población en constante crecimiento con billeteras expandiéndose a su vez, siempre necesitando algo nuevo que comprar.

¿Podría ser eso lo que usted tiene que vender?

La otra realidad de la vida que tenemos que recordar es que la cultura china es muy diferente de la propia. Específicamente, los chinos están acostumbrados a un gobierno central muy poderoso. Hace poco me preguntaron (un comerciante chino local) mi opinión acerca de los cambios en China. Le aconsejé que no debían seguir nuestro modelo de democracia, y más bien que debían desarrollar uno propio que funcionara para ellos.

Naturalmente, me tomó una cantidad considerable de tiempo saber lo suficiente de China, la tierra y su gente para hacer esa sugerencia. Sin duda, esto no sucedió de un día para otro.

De hecho, mi primer viaje a China fue una verdadera revelación y de la que creo que usted va a disfrutar leyendo.

Un americano en el extranjero:

Algo divertido ocurrió camino a China

El año 1985 marcó mi primer sendero en Asia. El viaje de 4 meses incluyó Corea del Sur, Taiwán, Singapur, Hong Kong y China. Mientras les decía adiós a mis hijas, una de cinco años y la otra de ocho, ignoraba los retos físicos y mentales que encontraría más adelante.

Viajar a Asia suena tan exótico, glamoroso y caro, y es todas esas cosas y muchísimo más; pero hace veinte años las cosas eran muy diferentes a lo que son hoy en día.

Como en cualquier negocio que apenas arrancaba, mis finanzas consistían en los fondos que había prestado de mis padres, sin mencionar los tres préstamos que hice sobre mi casa. Lo que me faltaba de dinero, sin embargo, sabía que lo tenía en un optimismo sin paralelo y en confianza.

(¡Qué mal que no estaba vendiendo esos!)

El viaje en avión consistía en un tiquete de mucho descuento, que con precisión quedaba demostrado en la silla que me habían asignado cuando abordamos el avión ese fatídico día a mediados de 1980. Para aquellos de ustedes que solamente han viajado en clase ejecutiva o en primera clase hasta la fecha, ésa es la silla situada al lado del único baño que sirve en clase económica, la silla que no se reclina y que siempre está ubicada al otro lado del pasillo donde va el bebe con la infección de oído.

Trece horas más tarde, estaba oficialmente comenzando mi caminata en Seúl, Corea. Después de pasarme dos horas tratando de salir de inmigración, aduanas y de abrirme paso entre montones de personas a quienes no podía importarles menos mi optimismo sin par y mi confianza, me di cuenta de que mi contacto, el señor Park, no estaba por ningún lado. "Okay, Irl", pensé para mis adentros mientras me aproximaba a una estación de taxis "eres oficialmente un hombre de negocios internacional. Puedes manejar ésto." Sin dejarme abandonar por la confianza, de alguna manera encontré el camino al hotel de 8 dólares la noche donde tenia hecha una reservación sin haberlo visto primero. Las sorpresas estaban lejos de acabarse, comenzando con la habitación, que era de un tamaño aproximado de seis por doce pies. Para aquellos de ustedes que no tengan conocimiento de la regla de cálculo en el momento, traduzco: mi habitación de la universidad era más grande.

Desde la ventana podía ver directamente por un callejón hacia el extractor de una lavandería, diez pies más lejos, el cual emanaba olores que vagamente me recordaban mi hogar, la granja de mi familia.

Esa noche vagué por un sueño irregular que fue abruptamente interrumpido por una nada bienvenida intromisión que se repetiría durante toda mi estadía. Todos los días, preciso a las 6 de la mañana, la puerta se abriría abrúptamente, y ahí, para mi sorpresa, aparecería aquel hombre joven con una máscara de gas, un tanque sobre la espalda, y una bomba manual atomizadora. Rápidamente circulaba el cuarto, rociando un spray mata-cucarachas, para luego desparecer tan rápido como había entrado. Probó ser el más efectivo, aunque molesto, despertador que jamás hubiera tenido. Para cuando deje Seúl, tenía mi horario tan coordinado que era capaz de levantarme, bañarme, vestirme y pasar por su lado en la puerta. Mi gran logro se encontraba con una sonrisa mientras pasaba al lado del intruso. Quizás era una sonrisa de alivio por no tener que verme lleno de pánico mientras me bañaba o me vestía como loco cuando él entraba. Algunas veces, mirando hacia atrás, creo que él planeaba su entrada para avergonzar al nuevo huésped. O quizás sólo me estaba haciendo un favor. Esa es la belleza de Corea y el esquivo séptimo lado del dado.

Con unas llamadas a unas cuantas fábricas en perspectiva, mi trabajo de entrevistas pronto comenzó. Mi primera serie de discusiones tuvo lugar en el pequeño restaurante del hotel durante la primera semana de mi visita. Las pequeñas mesas estaban cubiertas con un mantel gris que se tornaba en un blanco reluciente todos los lunes. (Estoy segura de que ambos provenían de mi lavandería favorita). Pronto descubrí que las noches eran la hora más divertida del día. Los callejones se llenaban de comerciantes y clientes, todos luchando por la atención del otro, ofreciendo y mostrando una gran variedad de mercancías exóticas y coloridas. Era un auténtico cabaret de olores, sonidos, cosas que ver, y creo que estas escenas fueron el comienzo de mi aventura amorosa con Asia.

UNA EVIDENCIA DE QUE NO HABÍA ESCOGIDO UN HOTEL DE CINCO ESTRELLAS COMO SITIO DE MI PRIMERA REUNIÓN...

Estando sentado con unos cuantos clientes en una cafetería de la calle, apoyado sobre un carrito de vendedor ambulante o negociando una docena de mangos, me dio un entendimiento de la cultura de esta gente vivaz, de la política local y quizás de lo más importante, su manera de ver al comerciante de Occidente.

En estos callejones aprendí mi práctica y verdadera educación. Haberme mezclado con la gente local me dio una enorme comprensión, ésa de la que hablan en las guías turísticas y panfletos que había leído cuando me preparaba para el viaje. Fue en una de esas discusiones de callejón, de hecho, que me enteré de que unas cuantas compañías japonesas estaban considerando salirse de Corea del Sur y trasladarse a China. Esta información me dio gran ventaja para negociar en los días que estaban por venir. Eventualmente conseguí privilegios de consideración de una fábrica que estaba perdiendo el negocio a causa de una compañía japonesa que se trasladaba.

Cinco días después, me había acostumbrado tanto a lo que me rodeaba que el gran número de personas que utilizaban el hotel comenzó a sorprenderme. Con toda seguridad se trataba de un hotel muy popular; había montones de muchachas y hombres de todas las edades en el vestíbulo, en los elevadores y en los pasillos, a toda hora, día y noche.

Para el final del sexto día ya había entrevistado a más de 15 fábricas diferentes y estaba haciendo arreglos para visitar tres más cuando apareció mi contacto, el señor Park. Mientras pedía disculpas profusamente por su tardanza, me pude dar cuenta de que estaba obviamente nervioso, mirando sobre su hombro constantemente y moviéndose ligeramente para evitar el roce con la muchedumbre de mujeres jóvenes en el abarrotado vestíbulo del hotel. Como era algo tan aparente, le pregunté que si estaba buscando a alguien. Me expresó su preocupación explicando con bastante franqueza, y como si fuera a ser de gran ayuda, que no era apropiado para una "persona de su posición" ser visto en "esta clase de hotel".

Salí de ahí esa misma tarde.

China 101:

Una perspectiva histórica

China es mucho más que una tierra vasta y asequible de riqueza y oportunidad. Es un tapiz viviente, rico en costumbres, tradición e historia. De hecho, algunas perspectivas históricas del país del que estamos hablando pueden ser útiles como antecedente y recordatorio de esta grandiosa tierra.

China posee una vasta historia nacional y cultural. Los chinos han compartido una cultura común más grande que la de cualquier otro grupo en la Tierra. El sistema chino de escritura, por ejemplo, data de hace casi 4.000 años, lo cual lo convierte en el más antiguo.

El sistema de gobierno de dinastías imperiales, que continuó durante siglos, fue establecido a principios del 221 A.C. Aunque algunas dinastías fueron volcadas, el sistema de dinastías sobrevivió. China, inclusive, fue gobernada en algunas épocas por invasores extranjeros como los mongoles durante la Dinastía Yuan, del año 1279 AD hasta 1368, y por los manchú durante la Dinastía Ching, desde 1644 AD hasta 1911, pero los extranjeros fueron ampliamente absorbidos por la cultura que gobernaban. (Carolyne Lious y M.C. Alexander, China. Leonely Planet Publications, 2000). Imagine si el Imperio Romano hubiera perdurado desde la época de los Césares hasta el siglo XX y en todo ese tiempo hubiera evolucionado en un sistema cultural y un lenguaje escrito todavía compartido por todas las gentes de Europa. Esto sería similar a lo que ha pasado en China.

Regla número 1:

Si el hotel es barato, es normalmente por una razón

A través de todos estos siglos China a menudo ha sido una fuerza rica e influyente en la plataforma mundial. La Dinastía Tang vio a China convertirse en una economía sofisticada y en una fuerza militar, admirada por todo Asia. La Dinastía Song trajo la cúspide de la búsqueda cultural e intelectual y la Dinastía Ming fue testigo de la extendida exploración marítima china.

El sistema de dinastías fue finalmente volcado en 1911, y una forma débil de gobierno democrático existió hasta 1949. En ese año, después de una extensa guerra civil, la Republica Socialista China fue proclamada con un gobierno comunista. Este gobierno y el Partido Comunista tienen el control de China desde esa época. Aunque el sistema de dinastías ha desaparecido, la Republica Socialista ocupa esencialmente el mismo territorio y gobierna la misma gente que el Imperio Chino. China ha tenido periodos de inmenso poder en el pasado, seguido por la aparición de Deng Xiaoping y sus políticas de liberación económica; la cultura y fuerza potencial de China parecían más fuertes a finales del siglo XX que en cualquier otra época de la historia.

Los aproximadamente 5.000 años de historia china abarcan muchas dinastías y eventos significativos que incluyen: el descubrimiento en 1963 del primer humano en China que databa del 600.000 AC, el desarrollo de un código de ética, en la época de Confucio, más o menos en el 551-479 AC, que ha dominado el pensamiento chino y su cultura desde entonces, los conflictos entre nómadas y granjeros establecidos que continúan narrando la historia china, una guerra interna tras la otra, siendo la ultima cuando Mao tomó el poder en 1949. Las buenas noticias para China fueron el eventual ascenso de Deng Xiaoping. Con su previsión, la República Socialista China se ha convertido, hablando económica y políticamente, en un jugador crítico en la plataforma del mundo de hoy.

Así es que ahora hemos aprendido sobre China, ¿pero qué aprendí *Yo?*

Siga leyendo.

Lo que aprendí:

6 lecciones de mi viaje a China

Obviamente, mis ojos habían estado abiertos a nuevas gentes, nuevas culturas y nuevo lenguaje, nuevas costumbres y nuevas formas de hacer negocios. Para el tiempo que finalmente abandoné China ya había aprendido unas cuantas lecciones importantes.

Algunas de ellas centradas en *cómo* llevar a cabo algo. Igual que muchas también, de algún modo, me enseñaron cómo *no* llevar a cabo algo. Las comparto con usted ahora con la esperanza de que pueda aprender algo de mis errores de primerizo para que no cometa los propios.

1. *Nunca sobreestime las consideraciones culturales durante negociaciones.*

Así como usted nunca contaría chistes sexistas estando en la compañía de ambos sexos durante el proceso de negociación en América, debe asimismo aprender a ser lo que yo llamo culturalmente considerado durante sus negociaciones internacionales.

No le conté esa pequeña lección de historia unas páginas atrás por llenar páginas en blanco; quería que estuviera consciente de que la historia china y la cultura tienen muchos siglos y no pueden se pueden aprender de un día para otro. Aun así, me he encontrado con que los chinos están dispuestos a enseñar tanto como lo están a aprender, y algunas veces sólo el observar una negociación en proceso puede convertirse en su mejor herramienta de aprendizaje.

Igual que en cualquier otra negociación, observar antes de actuar es tan importante como escuchar antes de hablar. Esto es de doble importancia en China, donde las costumbres son tan antiguas y el incumplimiento del protocolo no se perdona tan fácilmente.

Con naturalidad otorgan carta blanca a sus homólogos americanos, pero sea muy cuidadoso de no abusar de este privilegio si no tiene en cuenta las consideraciones culturales.

2. *Son las pequeñas cosas las que importan*

La vieja historia se mantiene viva para los empresarios chinos. De hecho, los antiguos rasgos culturales continúan todo el tiempo metidos en la cabeza del nuevo empresario chino. Por ejemplo, ese empresario puede que use ropa occidental pero exhibe una larga uña en su dedo meñique. ¿Qué significa eso? En la vieja China representa el hecho de que él no tiene que trabajar con sus manos como un obrero común. En esencia, esto representa su habilidad intelectual.

Usted se debe estar preguntando, ¿qué tiene que ver el dedo meñique con hacer negocios en China? Todo esto tiene un impacto en cómo los negocios pueden (y se hacen) en China a diario. Es por eso que digo: "Son las pequeñas cosas las que importan". Es por eso que un edificio no se termina de construir cuando una elección está en proceso, porque el edificio (el proceso) no era tan importante como el verdadero resultado (las elecciones). Puede volverse muy frustrante para aquellos que venimos con una perspectiva occidental.

El hombre de negocios occidental con frecuencia deja que la primera meta sea la venta, mientras que para el hombre de negocios chino la venta puede ser una de las muchas metas que tiene sobre la mesa.

3. El tiempo está de su lado

Si la filosofía americana referente al tiempo puede ser resumida en el siguiente verso de la tan popular canción del grupo Queen, "Quiero todo; lo quiero ahora", entonces la filosofía china del tiempo puede sacarse de la melodía de los Rolling Stones, "El tiempo está de nuestro lado".

Un oficial del gobierno chino me dijo una vez: "Si no nos gustan las políticas de su Presidente... entonces esperaremos otros cuatro años". Este es un indicativo de la manera china de hacer negocios. Si usted es de la clase de comerciantes que no pueden esperar hasta que la señal de caminar se ponga en verde, entonces China será frustrante para usted. El concepto de tiempo es muy, muy diferente allá

4. Recordando la Autosuficiencia

Si miramos el verdadero significado de la palabra *China,* encontraremos que quiere decir "Reino Central".(Caroline Lious y M.C. Alexander, op. cit.). Esta es una buena representación de una China que jamás depende de apoyo externo. Hasta finales de los años 1800, de hecho, el mundo exterior no era importante para los chinos.

Estos hechos se demuestran en los negocios de la actualidad. Los chinos son grandes anfitriones (ofrecen espléndidas comidas, bebidas, etc.) pero cuando usted desea apoyo técnico (o un producto) les crea a ellos un alto sentido de tensión (de desconfianza, de ser estafados, etc.).

No es cosa sorprendente que dichas tensiones puedan aparecer en cuestión de momentos en negociaciones altamente sofisticadas, observado un alto nivel de inmaduro temor y desconfianza, lo que hace necesario que usted sea un estudioso paciente del carácter y darse cuenta de que es una reacción automática a influencias externas o un faro.

5. Saber trabajar en equipo

Saber trabajar en equipo es muy importante para llevar a cabo negociaciones con los chinos. Lo que verdaderamente sobresale es su sentido de conformidad y compromiso y ese gran sentido de unidad de grupo. De esta forma, dejar a una persona por fuera es un gesto muy incómodo, y con frecuencia ellos lo evitan en lo posible.

Sin embargo, este comportamiento anima un sentimiento de sospecha hacia la gente de afuera. Esta es un área donde usted puede hablar de "apariencias", porque es básicamente cómo está siendo visto por sus compañeros, superiores, miembros de equipo, etc. (¡En otras palabras, por todos!).

He visto literalmente pruebas sensitivas de equipos guardadas en la caja por meses porque el ingeniero de control de calidad se sentía demasiado avergonzado para admitir que no sabía cómo se utilizaba. No quería "quedar mal" ante sus compañeros de equipo.

6. No es lo que usted sabe...

...sino a quién conoce. Esto nos da una simple idea acerca de los negociantes chinos. Ellos saben con seguridad utilizar el "a quién conoces" como forma de hacer negocios.

Hacer negocios en China es un entretejido complicado del quién es quién en sus listas personales. Es uno de los principales pilares dentro del intercambio de ideas y no sólo debe enfocarse en el resultado final de los negocios; sus viajes al exterior pueden llegar a ser mucho mas que viajes de negocios.

Esta es una tarea difícil de cumplir si usted insiste en ser lo que yo llamo "demasiado americano" a cada momento. Esto incluye ser incapaz de apreciar o hasta de reconocer significantes modas pasajeras o fenómenos del país anfitrión. Por ejemplo, ¿de qué libros, películas, obras de teatro, etc., están hablando sus anfitriones en una comida?

No los ignore porque le parezca complicado, adóptelos para que tenga algo que añadir a la conversación.

Otro paso en falso es despreciar platos tradicionales o costumbres ordenando siempre platos americanos y alardeando de lo buena que es tal y tal cosa allá en América, etc. Usted se lo imagina.

Obviamente, usted no tiene que regalarse para hacer un negocio en China, pero nunca está de más mostrar respeto hacia la rica, vibrante y exótica cultura de su país anfitrión, por lo menos dándose la oportunidad de probar nuevas cosas.

La importancia de un mentor

Donde sea que usted decida hacer negocios, ya sea en China, Vietnam, Rusia o en India, es de suma importancia encontrar un mentor en su país de elección para poder sobrepasar las brechas culturales, sociales y políticas que constantemente surgen dentro de las negociaciones internacionales.

Esto no es tan difícil como suena. De hecho, me di cuenta de que *encontrar* un mentor es muy fácil –encontrar uno *bueno* es otra cosa muy distinta. El método más acertado es hacerlo a través de sus contactos de negocios. Un ejemplo podría ser: "mi primo me presentó a su viejo profesor, quien me presentó a su vez a mi tercera esposa, quien me presentó a su mejor amiga de la hermandad femenina, quien era prima segunda del director Mao".

Aunque esto pueda sonar tonto, ésta es una de las principales maneras de encontrar un buen mentor.

Otras formas de encontrar un mentor son averiguar en las oficinas de Comercio de Estados Unidos del país de su elección y chequear con el World Trade Center local (aproximadamente un 20 por ciento de ellos están certificados para darle de verdad asistencia de gran calidad).

¿Recuerda a su viejo profesor universitario? Puede que él conozca a alguien que sea perfecto para usted. Como cualquier otro buen hombre de negocios, mantenga sus contactos vigentes y bien. Envíeles tarjetas de felicitación... tarjetas de Navidad, utilice su computadora para ayudarse a recordar diferentes fechas importantes y programe recordatorios virtuales para ayudarle en ésto cuando se encuentre muy ocupado.

Otros consejitos:

Un mentor puede estar presente o a distancia (en comunicación a distancia por teléfono, correo electrónico, etc.) Yo cuento con una variedad de mentores alrededor del mundo. ¿Qué es un mentor exactamente? Un tipo muy común de mentor es aquel que nos presta asistencia sin esperar a cambio ningún pago.(Lowe, K. Finding a Business Mentor. Entrepeneur.com, 2001).

A continuación resalto algunas maneras estupendas de encontrar un mentor:

- Llame a la Cámara de Comercio.
- Contacte organizaciones locales (Toastmasters, etc.)
- Inscríbase en un curso de la universidad.
- Busque en la Internet
- Investigue en organizaciones de negocios (World Trade Centers, etc.)
- Asista a convenciones que atraerían a su tipo de mentor.
- Pregunte a sus clientes actuales.
- Investigue en libros y artículos sobre el tema y contacte a los autores.
- Lea biografías de gente que ha tenido éxito en el área de su interés y llámelos.

Si usted prefiere hacerlo mejor con alguien que ya conoce y en quien confía o alguien con quien por lo menos ha conformado una relación previa, averigüe en universidades locales en sus departamentos de estudios internacionales por mentores dispuestos a darle tutoría sobre las costumbres que encontrará en su viaje o alguien que hasta de pronto pueda acompañarlo en ese viaje.

El precio que usted tendría que pagar por los gastos de viaje de él valdría la pena por su experiencia

Es por información

No puedo dejar de hacer hincapié en esto: lea todo lo que caiga en sus manos sobre el país y su gente. Esto es especialmente de gran ayuda si no puede conseguir un mentor; pero como lo mencione anteriormente, aunque encuentre uno, le aconsejo no apoyarse enteramente en él o en ella.

Esta es la era de la información, y nunca había existido tanta. Por encima y por debajo de los mapas y de las guías turísticas, hay muchos libros de referencia, revistas y hasta páginas Web dedicadas a China, su cultura, su gente, costumbres y tradiciones.

Haga un poco de investigación y encuentre un libro, periódico o página Web que sea adecuado para usted y absórbalo como una esponja. Desde el protocolo apropiado a las frases comunes, regalos o gestos apropiados versus inapropiados, todo eso con seguridad lo encontrará en una rica cantidad de información esperando por usted, si sólo se toma el tiempo de buscarla.

Haga preguntas: es barato

Como ya lo he dicho, su mejor recurso para irse al mundo de los negocios internacionales es la información.

Si no puede encontrar información en un libro o en la red, o si algo nuevo o inesperado surge durante su viaje, nunca tenga medio de hacer preguntas. Lejos de hacerlo ver como un ignorante o de ponerlo del lado débil, demuestra su deseo de aprender, adaptarse y familiarizarse con su nuevo ambiente.

Si aún se siente incómodo preguntándole a un prospecto de negocios, váyase al hotel y pregúntele al conserje, al recepcionista o hasta a otros huéspedes. La información que reciba será oportuna, local, y lo mejor de todo, ¡gratis!

Aprenda de los errores de otro

Además de aprender de mis errores, no olvide aprender de los de otros.

Por ejemplo, si una compañía ha fallado en conseguir los negocios de la compañía que usted está cortejando –o si muchos han fallado, por esa razón-, trate de enterarse del porqué.

¿Qué hicieron mal? ¿Los números eran malos? ¿Fue por el proyecto? ¿Algo se dañó dentro del proceso de negociación? Nunca hace daño preguntar y la información que consiga a cambio puede convertirse en algo invaluable una vez usted triunfe donde otros hayan fallado.

No tenga miedo de ensuciarse las manos

La gente de éxito en los negocios, situados en su frente doméstico o internacional, sabe que para triunfar de verdad no se puede estar tan atareado, ser tan importante o demasiado orgulloso como para ensuciarse las manos. Tanto como un dueño de restaurantes no debe tener miedo de lavar un plato o limpiar una mesa de vez en cuando, así usted no puede tener miedo de parecer común y corriente por tenerse que ensuciar las manos.

Los viajes internacionales están cargados de mala comunicación, enfrentamiento con consideraciones culturales y de un aire de sorpresa y sucesos inesperados que son raros en los negocios domésticos. Los software son incompatibles, los tomacorrientes no son iguales, y cualquiera que sea la razón, las cosas pueda que o tal vez con mucha seguridad salen mal.

Si tiene miedo de hacer una presentación utilizando tarjetas de entrada y accesorios o hacer la demostración de un producto o servicio usted mismo porque su intérprete o asistente no pudo o falló; si tiene miedo de hacer una presentación utilizando tarjetas de entrada y accesorios o de hacer la demostración de un producto o servicio usted mismo porque su intérprete o asistente no se presentó, le está demostrando gran debilidad a su cliente internacional en prospecto: falta de espontaneidad.

China ha sobrevivido por siglos –y está preparado para convertirse en uno de los poderes económicos más fuertes, si no el poder económico más grande en la economía de este siglo– no sólo porque dependía únicamente de la tradición, cultura y costumbres, sino porque se ha permitido a sí misma cambiar, adaptarse y modificar su perspectiva hacia el futuro sin sacrificar nada de lo anterior.

Aquí hay una lección que aprender.

Enfocándose en China

De vuelta a nuestra historia. Para este momento tenía tres meses en mi caminata y me sentía bastante confiado al manejar las diferencias culturales. Me había vuelto también bastante seguro al establecer algunos contactos con gente bastante competente. En esencia, me sentía más cómodo poniendo mis huevos financieros en esta particular cesta. Más que otra cosa, sentía que visitar China era una gran oportunidad porque mis nuevos amigos expresaban su visión de que China se estaba convirtiendo rápidamente en el nuevo gigante de la economía mundial.

Desde 1979, parecía, todos los ojos estaban puestos en China. Para la época que entré en China en 1985, ya existían historias de éxitos rápidos y fallas costosas.

Yo tenía la determinación del ser el más antiguo y no el último.

Previo a mi llegada, uno de mis amigos me presentó a un residente de Hong Kong quien llevaba a cabo visitas semanales a China para inspeccionar su fábrica de prendas de vestir. Me invitó para que lo acompañara a visitar Guangzhou para disfrutar de una feria de intercambio próxima a llevarse a cabo. De principio a fin, el viaje fue verdaderamente sorprendente.

En 1979 Deng Xiaoping decidió abrir el país al libre comercio y marcó el comienzo del más asombroso crecimiento económico que el mundo alguna vez haya vivido, además de la gran reducción de pobreza que el mundo haya visto.

Estaba impresionado de lo que había presenciado en la feria de intercambio. Nunca antes había visto tanta emoción por del futuro por parte de casi todas las personas con que me contacté. Gente de todo e l mundo estaba negociando por productos que iban de textiles a minerales, de productos electrónicos a productos de agricultura, de tanques a aviones. El crecimiento económico de China no estaba sólo en movimiento sino que iba corriendo hacia su propio destino concreto.

Durante este tiempo en China negocié relaciones preliminares con un número de fábricas. Diez años después, aún tenemos exitosas operaciones de negocio con algunas de estas mismas fábricas y, mucho más importante, hemos conseguido amigos muy leales en un país en el que la amistad es la segunda cosa más importante después de la lealtad.

Desde mis primeros tratos con China en 1985 hasta 1993, mi compañía no sólo se enfocaba en China sino también en Corea del Sur, Taiwán, Hong Kong y Singapur. El ambiente de los negocios en estas regiones fue tal que durante ese lapso de tiempo hice más de 25 viajes a estos países y expandí mi compañía más de seis veces.

En 1993, de hecho, estaba considerando seriamente montar nuestras propias fábricas en China para capitalizar en este potencial crecimiento sin tener que involucrar muchos intermediarios.

Así comenzó mi odisea dentro de China. El viaje comenzó en Beijing y después creamos sucursales en las ciudades de TainJin, Xian, Shangai, Shenzhen y Guangzhou para terminar en Hong Kong.

En mi llegada a Beijing, capital y centro ideológico de China, me sumergí sin parar en actividades culturales y de negocios. Un individuo que había sido asignado a nosotros por los oficiales locales, nos mostró China de una forma que parecía saltar de las páginas de los textos de cultura e historia que yo había estado leyendo sobre la región.

A partir de entonces, con rapidez, acumulamos conocimiento acerca del ambiente político, económico e inversionista de China y su potencial, proveniente de expertos que incluían a un vice-primer ministro de China, representantes del Banco Central, ministros de estado a cargo de varios sectores de la economía y de ejecutivos occidentales de negocios, todos ellos muy entusiasmados por su éxito actual después de probar suerte en China. Fuimos atendidos con vino y comidas en una gran variedad de escenarios, incluyendo el Great Hall (Gran Sala), donde diecinueve ministros de estado nos acompañaron.

En Shangai, en ese entonces y ahora centro de negocios de China y el hogar de 14 millones de personas, como también del Shangai Stock Exchange (Bolsa de Shangai), nos impresionamos por la prisa y el bullicio de la próspera ciudad. Después de un poco de observación, nuestra segunda impresión fue el tremendo *esfuerzo* puesto en construir la ciudad dentro del centro de los negocios de la Nueva China. Igual que en Beijing, se nos ofrecieron cantidades de sesiones y comidas con oficiales chinos y con hombres de negocios tanto chinos como occidentales, y muchas visitas a las fábricas.

Afortunadamente cada momento del viaje no era dedicado a los negocios. Shangai es una ciudad hermosa y emocionante y yo tenía la firme determinación de ver más de ella que de los salones de conferencias e instituciones financieras. Durante esas raras épocas en que estaba libre de reuniones disfrutaba de libertad para ir a bares de *karaoke* y comidas prolongadas, como cualquier turista típico.

Inclusive, cuando no estaba llevando a cabo negocios, me las arreglaba para aprender algo nuevo acerca de los tratos financieros con los chinos. En uno de esos famosos días libres, me fui a comprar unas alfombras de seda para adornar mi nueva casa. Sintiéndome bastante confiado de mi forma de negociar con los chinos a esa fecha, comencé a negociar por un número de alfombras de seda. Para el final del día había negociado al que yo sentía que era un precio muy razonable. Emocionado con la compra realizada, instruí al establecimiento de enviar por barco mi premio con cuidado a mi casa en Estados Unidos. Durante mi visita previa al sur de la China había comprado una serie de muebles finos y había dado instrucciones a mi oficina de "enguacalarlos" y enviarlos por barco. Sin embargo, después de doblar cuidadosamente las alfombras de seda, me di cuenta de que requerían sólo de un espacio cúbico lo suficientemente pequeño para enviar vía aérea. Esto se lo dije al vendedor mientras salía del lugar. Afortunadamente pagué con mi tarjeta de crédito, ya que las preciadas alfombras de seda nunca llegaron a Estados Unidos.

¿Lección aprendida? Hubo una cantidad de errores cometidos mientras hice esta transacción y a los que llamo novatadas. No los voy a mencionar, pero es suficiente con decir que ahora utilizo a un empleado para que se encargue de la logística y el envío de productos personales. Esto es algo que raramente ocurre en

China, pero como en cualquier otro lugar del mundo, un comprador debe utilizar la diligencia para asegurarse de que reciba el producto y/o servicio esperado.

Si Beijing es el centro histórico, político e ideológico de China, y Shangai es el corazón de la región de los negocios en desarrollo, entonces Shenzhen es el advenedizo joven aspirante a ambos.

Doce años previos a mi visita, Shenzhen era una simple villa de barro establecida en arrozales. Después fue designada un "Zona Económica. Especial". En el tiempo de mi visita en 1993 era ya el hogar de millones de personas, grandes rascacielos, prósperos negocios, tanto domésticos como extranjeros y un nuevo segundo intercambio bursátil (la población es ahora de 6.5 millones).

Inclusive en esa época era una ciudad que competía con muchas de las del mundo occidental. Una vez más teníamos un programa apretado de reuniones, visitas a fábricas y de comidas eternas con oficiales locales y dignatarios de negocios.

Mi viaje terminó en Hong Kong, lugar donde se podía reflexionar sobre cómo ese desarrollo económico podría llevarse a cabo en unos 14 años más o menos. Sólo imagínese, el desarrollo de China comenzó con la agricultura y después cuando su gente tuvo suficiente para comer y la mayoría de la jerarquía de necesidades de Maslow estaban satisfechas oficialmente, el gobierno fijó su atención en hacer que el país se volviera atractivo para el capital extranjero.

El primero en llegar fue el dinero de chinos radicados en el exterior (una ventaja que ni siquiera Rusia ha podido tener hasta ahora). Entonces comenzó a fluir el capital occidental. Este capital inicialmente tendía a concentrarse en Hong Kong, y desde ahí al final era canalizado dentro de China, donde era bienvenido e inmediatamente puesto en uso.

Para el tiempo en que había terminado mi visita de 1993 a China y Hong Kong, no había un alma en mi compañía que no estuviera impresionada con la transformación que se estaba llevando a cabo en esta región tan financieramente volátil.

Casi universalmente había la creencia de que el futuro potencial de China no era nada menos que irreprimible. De esta manera, la pregunta en mi mente era cómo sacar mejor ventaja de lo que había visto y escuchado durante mis viajes por fuera. Estaba tan impresionado que a mi regreso a Estados Unidos inmediatamente inicié acciones para comenzar a formar una nueva fábrica en China.

Para 2000 mi fábrica no sólo estaba lista y funcionando, sino que también experimentaba una enorme tasa de crecimiento que era casi intimidante en su potencial. Durante mis visitas en esa época ya estaba oyendo historias milagrosas sobre China.

Estas historias se centraban en dos temas principales.

1. Cómo la tasa de crecimiento, si se mantiene, hará que la economía china sea más grande que la de Japón y la de Estados Unidos en el año 2020. (Dezan

Shira, 2004 Business Guide to Shanghai and Yangtze River Delta. China. Briefing Media, Ltd, 2003).

2. Cómo la clase media consumidora china, blanco principal de productos de consumo, sobre los 100 millones al final del 2000, va en camino a convertirse en 500 millones para el 2005.(Dezan Shira, op. cit.)

Así envalentonado, quise ver por mí mismo los cambios que estaban ocurriendo profundamente en China y determinar las oportunidades futuras de negocios para mi compañía.

Así comencé mi segunda gran caminata por China en 1997.

Sin ni siquiera ir a Shangai y a las regiones de la costa, dos de las áreas de mayor crecimiento en China, ya estaba estupefacto por el crecimiento de China en sólo los cuatro cortos años que habían transcurrido desde que la había visitado la última vez.

En una visita a las tiendas en la China central me encontré con cientos de consumidores locales chinos gastando dinero en cosas rudimentarias y lujosas. Aunque aún existe una gran población aquejada por la pobreza, y aunque muchas marcas americanas aún son difíciles de encontrar, más que todo por los precios y altas tarifas en algunos casos, tanto marcas locales como de Hong Kong emulan las extranjeras adquiriendo rápidamente precios que son bajos para los estándares de Estados Unidos pero altos al comparar con los ingresos de los chinos. Con el gran crecimiento viene la gran disparidad, y sería negligente de mi parte ignorar algunos asuntos locales obvios que tienen que ver con el manejo de la contaminación y residuos.

Durante la visita a Xian, yo estaba esperando ver una ciudad colorida y emocionante. Lo que me encontré fue una ciudad cubierta de polvo de carbón, que le daba un color apagado a la que una vez fue una próspera y vibrante ciudad. El polvo del carbón estaba acumulado en torres muy altas y pilas de seis pisos, sobre algunas edificaciones pequeñas. Siendo el carbón la primera fuente de calefacción en la región, gentes con carritos, bolsas, carros, o cualquier otra cosa disponible, estaban como locos cargando y empacando esta preciada carga para llevarlas a sus casas o a sus negocios. (El gobierno espera que las condiciones mejoren con la conclusión exitosa del propuesto proyecto Three Gorges Project)

También vimos gran cantidad de pobreza por las riberas del río Yangtze, lo cual es otra razón dada por los oficiales para que haya un impacto positivo del reasentamiento para el Three Gorges Project. Este proyecto es el más grande en conservación de aguas que jamás se haya construido en el mundo. La represa está situada en Sandouping of Yichang City, Provincia de Hubei. Vimos condiciones de atestamiento en ciudades grandes, pero a pesar de que muchos occidentales lo considerarían sobre atestado, la gente se veía contenta, entretenida y estaban gastándose sus desechables ingresos.

Se adhiera usted o no a los mismos resultados que la mayoría de los pronósticos, no puede disputar el hecho de que el sustento de la persona común en China y las oportunidades disponibles de hoy no pueden encajar todo el tiempo en los 5.000 años de historia de China.

Por lo que concierne a asuntos políticos, los dirigentes que conocí no eran los líderes paranoicos, dictatoriales e ideológicos que nos pintan en Occidente. Yo vi una China muy confiada de su posición ante el mundo, en sus relaciones con el mundo exterior, en su reforma económica y en la total dirección a la cual el país iba en camino.

De arriba a abajo, los chinos creen en lo que están haciendo y están dedicados a continuar con el desarrollo económico de China. Siendo nacionalistas ellos saben que es de la única forma en que pueden obtener más respecto en un mundo de Post-guerra fría dominado por Estados Unidos.

La realidad económica y política actual de China:

Hechos contra ficción

Es importante para usted, como potencial persona de negocios internacionales, entender que hace sólo unos pocos años existía una radical transición de liderazgo en China, durante la cual fue instalado el más joven y educado grupo desde la fundación de la PRC.

Todo comenzó en el XVI Congreso Nacional del Partido comunista en noviembre del 2002, cuando Jiang Zemin cedió su puesto de presidente ejecutivo a Hu Jintao, quien fue en realidad elegido a comienzos de los noventa para ese trabajo por Deng Xiaoping. En marzo del 2003, en el X Congreso Nacional Socialista (su versión del parlamento), el primer ministro Zhu Ronji cedió el cargo a Wen Jiabao.

Los más positivos e inesperados cambios adicionales ocurrieron en el Politburó, el máximo organismo de toma de decisiones, cuando más del 60 por ciento de sus miembros se retiraron para favorecer a un grupo más joven. En la reunión de marzo del 2003, de hecho, los ocho viceprimer ministros y veintiocho ministros eran nuevos, y existía un movimiento comparable dentro de los secretarios y gobernadores del partido de las treinta y un provincias. (Dezan Shira, op. cit.). La mayoría de éstos nuevos líderes crecieron después de que Deng Xiaoping abrió a China a la globalización en 1979, razón principal por la que yo pude establecer relaciones comerciales en 1985.

Es un legado que seguro influencia el futuro brillante de China, así como es también un desarrollo no sin su justa porción de riesgos.

Algunos de los desafíos de China

Si escuchamos exclusivamente a los que pronostican sobre economía, la vida en las próximas décadas suena como un poquito más que una cama de rosas para China. Pero vamos a dar una mirada rápida a algunos de los sorprendentes desafíos que China está enfrentando (Nota: algunas de estas observaciones vienen también de Lyman Miller, editor de *Hoover's Chinese Leadership Monitor 2004).*

El cambio nunca es fácil, y hoy por hoy China está aprendiendo esa afirmación de primera mano. Tres décadas de reforma para cambiar una economía manejada por el mercado, atados dentro de la economía mundial, ha causado cientos de millones de dislocaciones y tensiones sociales profundas a decenas de millones de chinos, como también oportunidades económicas y riqueza para otros decenas de millones.

Una ampliación de la brecha entre los que tienen y los que no tienen, el surgimiento del desempleo mientras millones se desplazan del campo a las ciudades, un irregular desarrollo económico entre las provincias de la costa y las del interior, la enorme corrupción oficial, los todavía centralizados medios de comunicación, unos servicios públicos obsoletos, constituyen problemas para gobernar a una escala inimaginable. Finalmente, el sistema de banca china es un desastre y puede ser la causa de una fundición económica.

¿Pero cuán frágil es el sector bancario chino?

En un estudio reciente, Charles Wolf de la RAND Corporation señaló la fragilidad inherente del sistema oficial de China. Según Wolf, las páginas de saldo de los cuatro mayores bancos de China están plagadas de préstamos no llevados a cabo. Los estimados de su valor total varían, pero es posible que alcancen más del 60 por ciento de los GDP de China, o $ 1.3 trillones.(Russell, G., op.cit.)

Si China experimenta una caída en sus bancos, una gran fuga de la escala capital, una significativa reducción en los ahorros, o una disminución en la formación capital, la subsiguiente crisis financiera y el estrujón crediticio podrían bajar el crecimiento anual del GDP significativamente y tener un impacto enorme en la economía de la región y en la economía global.

En el tema de políticas extranjeras, uno de los interrogantes más grandes de China sigue siendo la de cómo tratar con Estados Unidos. Ellos necesitan de nuestro comercio pero no de nuestro aplastante poder. Ellos continuarán adelantando la unificación nacional de Taiwán, una situación riesgosa. La mayoría de los expertos están de acuerdo en que China necesita continuar la globalización y manejar las negativas consecuencias económicas y sociales ya que el compromiso es la creación.

Conducir a Vietnam

Durante el desarrollo de la ciudad de Shenzhen, era evidente que existían unos cuantos defectos. El tráfico siempre ha sido una combinación demente de confusión, impaciencia y de una aparente falta absoluta de cada una de las normas. El sistema de carreteras de China es marginal en algunas áreas e inexistente en otras. Esto se hizo evidente durante la aventura que mis colegas y yo vivimos en un viaje reciente por carretera.

Un fin de semana, mi equipo de trabajo y yo hablábamos sobre los diferentes puntos turísticos de China. Un empleado comentó que había un pequeño pueblo cerca de la frontera de Vietnam y que era un lugar muy provocativo, con playas limpias y un clima cálido placentero. No habiendo otro medio para llegar allá que no fuera en bus, decidimos confiadamente que podríamos irnos en carro.

Ya que yo había decidido al comienzo de mi carrera que el tráfico chino no era lugar para un americano cauteloso, mi compañía tenía dos carros, cada uno con un conductor muy competente. Así fue que cargamos el SUV y nos fuimos a lo que pensábamos que iba a ser una viaje de cuatro o cinco horas. Este viaje se convirtió en una manejada de doce o trece horas, pero el camino nos abrió los ojos al país en general y al sistema de transporte terrestre en particular.

Los caminos eran una combinación entre suciedad, grava y pavimento, y con eso quiero decir que ocasionalmente encontrábamos sólo uno de los anteriores, a veces dos y más que todo una mezcla de los tres. Más o menos en la mitad de camino a Vietnam rebotamos a una autopista ancha de cuatro carriles que competiría con cualquier sistema de autopista moderno de Estados Unidos. La hermosa carretera desapareció de debajo de nosotros tan pronto como apareció cuando rebotamos de una cuesta inclinada hacia otra vez una carretera mugre. Esta sorprendente, sorpresiva y hermosa carretera era una joya de 10 de millas en la mitad de carreteras sucias que iban hacia ella y salían de ella. Una y otra vez, la carretera nos llevaba entre pueblos. Sin tener conocimiento, nuestro conductor desvió nuestro camino hacia su pueblo. El hecho de que me mostrara el templo de su pueblo y me consiguiera una consulta con el adivino local, me dio una profunda comprensión de cómo funciona la China rural. Lo que pensé que era el mismo idioma no se podía entender debido al dialecto. Me di cuenta de que aunque dos personas estuvieran hablando en mandarín era posible que no se entendieran entre sí, ya que el dialecto es muy fuerte en cada provincia.

Para el momento en que llegamos a la frontera ya estábamos exhaustos. Para más problemas, los únicos avisos que vimos fue aquellos puestos en el pueblo donde nos decían que no podían utilizarse las playas debido a la contaminación, y mientras nos paramos a mirar las ennegrecidas playas, comenzó a llover a cántaros.

Lo más destacado del viaje fue jugar "maja" durante la noche con la gente local, beber "soja" y comentar sobre la televisión americana con los vecinos de la localidad. Durante todo el tiempo los niños del pueblo nos rodearon fascinados con esta gente occidental de color blanco en un área de China donde rara vez alguien visita o, por esa razón, rara vez alguien se va.

Regla número 2:

Es siempre más verde del otro lado de la cerca.

¿Pérdida de empleo en Estados Unidos por causa de China:

Amenaza o mito?

Fuera de pronósticos económicos, puede que usted esté indeciso de hacer negocios con China debido al clima político en nuestro propio país. En cuanto a sentimientos negativos en Estados Unidos, todo lo que usted escucha hoy en día de la izquierda política de este país es acerca de la pérdida de empleo por causa de China. El hecho es que un estudio reciente sobre manufactura global llevado a cabo por Alliance Capital Management mostró que los trabajos manufactureros han disminuido a nivel universal, desde Estados Unidos hasta Europa y de Japón a Brasil, debido principalmente al crecimiento de la automatización y de la tecnología, lo cual ha aumentado la productividad de la manufactura globalmente. Usted puede que se sorprenda al enterarse de eso, a pesar de la promoción exagerada (del bombo), Estados Unidos ni siquiera fue el más grande perdedor; perdimos 11 por ciento de nuestros trabajos de manufactura durante el período, Japón, el 16 por ciento, Brasil, el 20 por ciento, y hasta China perdió 15 por ciento debido a gigantescas pérdidas dentro de empresas en viejo estado. La manufactura va por el mismo camino de la agricultura, hablando históricamente. En 1910, un tercio de los trabajadores americanos laboraba en la agricultura, y hoy menos del 3 por ciento lo hace, pero la producción ha crecido dramáticamente.(Russell, G., op. cit.)

China e India están permitiendo a compañías americanas participar en su crecimiento. La General Motors, por ejemplo, enfrenta un imperativo simple: invertir en Asia para tomar ventaja de la mano de obra barata de la región y su rápida economía creciente o a rivales de Europa, Japón y otros lugares.

Hechos recientes de China ofrecen alguna perspectiva de este desafiante y controversial asunto. La transformación de Shun Chui, que pasó de carreteras no pavimentadas y ausencia de vehículos motorizados, a ser una ciudad industrial desde 1987, es típico de China. Multiplique ésto por los 700.000 pueblos de China y así comienza usted a entender las implicaciones de la revolución industrial china. Un estudio encontró que China tiene a su cuenta 25 por ciento del crecimiento económico del mundo desde 1995 a 2002 (medido por la compra de igualdad de poder). ¡Más que Estados Unidos! Debemos tener en cuenta que China posee el 20 por ciento de la población mundial.

China se ha convertido en el mayor consumidor de las manufacturas de Estados Unidos, como la maquinaria eléctrica y numerosos tipos de componentes, entre otras mercancías. Así mismo, es un importador considerable de productos agrícolas de Estados Unidos, y los proveedores de servicios de este último han aumentado su parte del mercado de China en muchos sectores también. Es interesante también anotar que las importaciones de China están creciendo más rápido que las exportaciones, al 40 por ciento en el 2003.

China es nuestro tercer más grande socio comercial, y aunque la importación desde esta nación es mayor que nuestra exportación hacia ella, la exportación está creciendo mucho más rápido que la importación. Específicamente, en los últimos tres años, el total de nuestras exportaciones han disminuido en un 9 por ciento, pero la exportación a China se ha incrementado ¡en un 62 por ciento! Un 50 por ciento de las exportaciones chinas vienen de fábricas con dueños extranjeros de las corporaciones multinacionales. De los cuarenta exportadores más importantes de China, diez son compañías estadounidenses. China exporta $12 billones anualmente a Walmart, contabilizando el 10 por ciento de todas las exportaciones chinas.

Para recordarnos los factores relativos de tamaño, la fortaleza de China es la manufactura, y en Estados Unidos la manufactura sólo representa el 14 por ciento de nuestra producción y el 11 por ciento de nuestros empleos. India, por otro lado, está enfocada en servicios, que representan hasta el 60 por ciento de nuestra producción y el 66 por ciento de nuestros empleos. Y para el consumidor, una parte muy grande de nuestra economía, China bajó los costos en manufactura.

Así que recordemos que hacer negocios con China no es malo para nuestros consumidores.

El nuevo liderazgo está enfrentando algunos de estos retos

El nuevo liderazgo en China está comenzando a mostrar que ellos no están eludiendo éstos y otros asuntos que enfrenta su país y el nuestro. Hablando específicamente de algunos de los temas más importantes del país:

- SARS... ¡finalmente ellos crearon transparencia!
- China se oponía a la guerra de Irak primero, pero cuando ocurrió se tranquilizaron. Tienen gran necesidad de aceite en los años venideros, y parte vendrá de Irak, particularmente si Irak es libre.

  China excederá a todos los importadores de aceite posiblemente tan pronto como en el 2020, y necesita encontrar aceite con un enfoque totalmente diferente. Como ejemplo, el jefe del aceite de China firmó un acuerdo de comprar aceite crudo de Gabón, Africa. El presidente Hu Jintao llegó a Gabón al día siguiente para celebrar esta nueva cooperación. Sin proclamaciones de solidaridad tercermundista, sin cantaletas del imperialismo americano; desde luego, nada de menciones de democracia. Sólo negocios, "sin condiciones políticas" como lo expreso el presidente Hu al parlamento de Gabón. Africa tiene aceite y China una demanda sin fin. ¡Una combinación perfecta!
- China está prestando gran ayuda para resolver diplomáticamente el riesgo de proliferación nuclear de Corea del Norte.
- China es ahora miembro de la WTO por más de 2 años, habiendo entrado a ésta el 11 de diciembre del 2001, después de 15 años de negociaciones con Estados Unidos y con otros miembros de la WTO. Bajo los términos de su acceso, China se comprometió a una serie de reformas radicales: implementación de los mercados de acceso de la WTO; tratamiento nacional y estándares de transparencia; protección y reforzamiento de los derechos de la propiedad intelectual, disciplinas en el uso de los subsidios de distorsión de comercio; y otros cambios para entablar su sistema regulador y legal en línea con los otros miembros de la WTO. China vio la afiliación ésta como una forma de preservar y expandir su acceso a los mercados extranjeros de exportación, particularmente Estados Unidos. A su vez, otros miembros de la WTO visualizaron que la implementación de WTO de China reduciría la habilidad del gobierno de intervenir en el mercado para dirigir y restringir movimientos de comercio.

  China ha llevado a cabo un importante progreso desde su unión a la WTO hace dos años, y ha completado muchos de los detalles prácticos del trabajo de implementación de la WTO. Ha revisado miles de leyes y regulaciones y hecho cambios necesarios para efectuar muchos de sus compromisos con la WTO, ha establecido nuevos procedimientos transparentes en muchos ministerios y agencias nacionales y sub nacionales, y ha reducido sus tarifas al nivel que se comprometió, entre otras cosas.

  A pesar de estas consecuciones, el cumplimiento de China de sus compromisos con la WTO en los dos últimos años ha sido irregular.

La administración de Estados Unidos está resuelta a continuar dirigiendo su atención a los problemas de acceso al mercado que contribuyen a nuestro déficit de comercio con China y a asegurarse de que ésta opere bajo normas justas, transparentes y previsibles. Esto significa, más que nada, que China debe vivir por los compromisos que hizo cuando se unió a la WTO. También debemos asegurarnos que China se dedique al justo comercio cuando se trata de sus exportaciones a Estados Unidos. Nuestras compañías desean y están autorizadas para trabajar en un ambiente donde se sigan las mismas reglas y la misma habilidad para competir.

Pasos tales como el énfasis en le liderazgo colectivo, transparencia por parte de reuniones de liderazgo, compromiso con el bienestar público y sostenimiento de líderes responsables demuestran un cambio estable del viejo sistema comunista a un sistema mucho más ensanchado. Esto me suena a cómo los rusos manejaron la democracia.

Inversionistas extranjeros directos:

Su parecer

Los inversionistas extranjeros directos hacen lo que dicen. ¡Esos números son ahora mas altos que el FDI para los Estados Unidos!

Una comparación entre hacer negocios con socios chinos y hacer negocios con compañías estadounidenses: mientras usted haga una buena elección en China existe un gran deseo de cumplir los términos del contrato aunque esos términos sean mucho menos documentados extensivamente que en Occidente.

Puede existir un número de negociaciones post-inversión para resolver asuntos, pero en nuestra experiencia siempre se ha hecho dentro de la estructura del espíritu de un acuerdo. Con las compañías americanas, el contrato o acuerdo es un documento extensivo con una infinidad de páginas de legalización. Pero asuntos post-inversión han resultado después en el espíritu del trato al salirse por la ventana, con abogados tratando de encontrar lagunas jurídicas en la formulación literal de los contratos. Esta diferencia en la cultura de los negocios probablemente sorprendería a muchos inversionistas occidentales, quienes con frecuencia se imaginan lo peor al negociar con socios chinos. Nosotros escogemos bien nuestros socios chinos, y tenemos un sólido y bien conectado equipo chino para ayudarnos con eso. Todos con seguridad hemos oído no muy favorecedoras historias acerca del comportamiento de socios locales.

Un segundo punto de interés: a pesar de la imagen estadounidense del libre mercado, no es el líder del desarrollo de la infraestructura de transporte privado.

Lo es Australia, y es por eso que nosotros obtenemos tanta inversión de ésta . Peajes de carreteras, puertos y aeropuertos privatizados es la norma en Australia. Estos son casi inexistentes en Estados Unidos y Europa; dependiendo del país, está más o menos entre uno y otro.(Russell, G.,op. cit.)

¿Qué no funciona?

Hace unos años me encontraba conversando con un miembro del equipo administrativo que pertenecía a un departamento del Ministerio de Salud de Vietnam. Él estaba trabajando en un plan para patrocinar hospitales que tenían necesidad de equipos durante el año entrante. Sabiendo que ha existido algo de misterio respecto a cómo estos departamentos patrocinan sus proyectos, le pregunté sobre los métodos utilizados para determinar los costos asociados con la compra y el suministro del proyecto.

Respondió encogiendo los hombros y con una respuesta displicente: "Yo recibo la cantidad de dinero que me den y compro lo que yo crea sea necesario".

"¿Sin datos estadísticos?" le pregunté.

"Yo estoy seguro de que alguien está dirigiendo el proceso", dijo, encogiendo los hombros.

Ahora vamos a irnos hacia adelante unos cuantos meses. Yo estaba hablando con un gerente de mercadeo internacional de una firma médica. El joven hombre tenía experiencia con los mercados europeos y tuvo éxito recientemente compitiendo en Estados Unidos. Decidió no entrar en los mercados chinos, ya que sus análisis de datos le mostraron que el ingreso disponible *per cápita* no es suficiente para garantizar sus esfuerzos dentro de China.

Vayamos *otros* seis meses más adelante. Su mayor competidor, una fábrica europea, finalizó un contrato de 86 millones de dólares con el Ministerio de Salud. Aunque la fábrica europea era del 12 por ciento más alta en costo.

Regla número 3:

Siempre recuerde quién está gastando el dólar.

El futuro de China (Russell, G., op. cit.)

¿Está usted dentro de él?

Mirando en perspectiva, Asia sólo ha tenido un par de malos siglos y los cambios reales para China han estado sucediendo desde 1979 cuando Deng Xiaoping adoptó la globalización. Su retorno posterior al centro del mundo de la economía es un resultado natural, dado el tamaño de su población, su alto nivel de educación y sus habilidades empresariales y ambiciones. Como una forma de esperanza, China tiene mucha posibilidad de superar a Estados Unidos económicamente –y militarmente- ¡en la primera mitad de este siglo!

Sin importar cuán rápido crece China, la fuerza de la suerte de nuestro país, experiencia, alianzas, posición geopolítica y la influencia continuará representando una tremenda responsabilidad para nuestros líderes. (¡Espero que ellos entiendan ésto!)

La pregunta es: ¿Continuará China volviéndose más "pluralista", y moviéndose hacia adelante para convertirse en una nación democrática uniéndose a las instituciones globales en una forma responsable, constructiva y nada polémica? ¿O buscará perpetuar la fuerza monopolizadora del Partido Comunista, limitando la libertad de expresión y volviéndose más polémica y obstructora desafiando a las instituciones globales económicas y políticas para la conveniencia de los intereses de los chinos?

Por supuesto, China no está sola: tenemos interrogantes similares en nuestro propio país. ¿Cómo el país más poderoso de la historia del mundo utilizará ahora ese poder constructivamente para continuar liderando en asuntos de paz y comercio, buscando construir consensos y soluciones de cooperación con aliados en Asia y Europa para los problemas políticos, de seguridad, económicos y sociales del mundo?

Después de todo, ésa es la forma como construimos el orden global político y económico posguerra que ha traído una prosperidad sin precedentes a nivel mundial. ¿O nos retiraremos de las dificultades, algunas veces desafíos frustrantes de construcción de consensos, y continuaremos construyendo sobre las instituciones políticas y económicas globales, y cayendo más en una política extranjera unilateral y aisladora salida de la frustración y de un comercio más protector y una política de inversión, sin el miedo de una competencia en crecimiento con China, Asia, o cualquier otro lugar?

Escuche por sí mismo: el nivel de ruido en Estados Unidos es fuerte contra la globalización. No importa que en los comienzos de los ochenta hasta mucho más allá de los noventa nosotros experimentamos un período increíble de prosperidad americana. ¡Esta fue una época de gran expansión de la integración de América dentro del mundo de la economía, con Clinton completamente apoyando la globalización. Aun siguiendo nuestra recesión, si observa mucho del debate en esta temporada política, o sintoniza a Lou Dobbs en CNN, le dirán que el libre comercio es una "amenaza mortal para América". Los argumentos son versiones contemporáneas de los utilizados en los años treinta... o en los ochenta con respecto a Japón. Mucha de la bulla se reduce a una simple pregunta: ¿Cómo podemos competir con multitudes de mano de obra barata en el exterior?

Desafortunadamente, la pregunta es mucho mayor en alcance y foco que eso, y nuestra gente no parece entender la conexión que hay entre su prosperidad y lo que está pasando en la economía del mundo.

Mientras la rapidez del capital y la transferencia de tecnología se han incrementado dramáticamente y el mundo está altamente competitivo, quién es quién para decir que éstas son cosas malas?

Francamente, ¡creo que son buenas! Todos los participantes en la economía global pueden beneficiarse.

Cientos de millones de personas en el mundo han sido sacadas de la pobreza en las dos últimas décadas. No importa lo que digan las hojas de cálculos, ¿cómo puede ser eso una cosa mala?

Nuestra respuesta como país no debe ser protestar sino significativamente mejorar nuestro mediocre sistema educacional para que las habilidades de nuestros trabajadores puedan llegar adonde nuestra escasez lo exige. Microsoft, por ejemplo, no puede ocupar las posiciones vacantes con los americanos ¡por causa de nuestro obsoleto sistema educativo!

A mi manera de ver las cosas, el gobierno chino entiende que el cambio a la globalización y al comportamiento del libre mercado han sido los causantes del rebote de China, y ellos no pueden ni podrán detener esa fuerza. Manteniendo su comunismo central dictatorial no funcionará en el largo plazo mientras más abierta se vuelva China. Esto se hizo realidad, sin embargo, al leer en el *International Herald Tribune* del 14 de febrero del 2004 el siguiente párrafo:

"Puede que queden pocos comunistas en China, pero el espíritu de Lenin que vive en Beijing, Hong Kong, está enterándose de que el partido reservado, centralizado en Beijing tiene que dar paso a las fuerzas del mercado...

Sin embargo, ellos lo harán algún día, y espero que sea un paso pacífico" (Russell, 2003).

3

Mayores opciones y oportunidades en China: Evaluando empresas tituladas en el extranjero

Ustedes pueden preguntarse la razón por la que China ocupa dos capítulos en este libro mientras que Vietnam, por ejemplo, únicamente uno. Considerando que la mayoría de pronósticos le apuntan a China como el primer gigante económico durante las próximas décadas, sentí que esta mina de oro de oportunidades merecía el doble de páginas que el resto de los países que estudiaremos.

Francamente, China también es una tierra de contrastes. Campos verdosos y campos de cerezas que florecen luchan con las ciudades de un grisáceo asfalto, de colosos rascacielos y brillantes letreros de neón promocionando de todo, desde Coca Cola hasta Nikon.

Aquí también los chinos prefieren mantener sus vidas profesionales y personales separadas. Como nosotros, los chinos trabajan duro y juegan duro, sin embargo no lo hacen al mismo tiempo. Aunque los almuerzos de negocio chinos tardan horas, lejos de los almuerzos típicamente americanos a base de tres martinis. Los chinos pueden decir que es un almuerzo, pero créame, ¡Es puro trabajo!

Así que mientras mi primer capítulo sobre este sorprendente, impresionante y sensacional mundo de la China fue en gran parte anecdótico, en este capítulo quiero ser más específico. Se puede considerar el capítulo 1 como el lanzamiento del negocio chino y el capítulo 2 como la comida de negocios. Por ende, el propósito de este capítulo es proveerle a los negocios nuevas opciones para poder expandirse en China.

Aquí he entregado información básica sobre los impuestos y otras regulaciones de inversiones y operaciones de las Empresas de Propiedad Extranjera (a las que se les llamará WFOE de ahora en adelante). Además, también comparo las WFOE Manufactureras con las WFOE Comerciantes, junto con sus ubicaciones dentro y fuera de la Zona de Libre Comercio en China.

Mi empresa tiene actualmente una oficina representante en Shenzhen, que no nos permite llevar un intercambio de negocios a nombre propio. También tenemos una compañía hermana en Hong Kong que sí permite varios tipos de actividades.

La empresa matriz para la que trabajo, A/D Electronics, se encuentra en el Noroeste Pacífico. Cuando el negocio creció, comencé a buscar un vehículo alternativo de negocios que le diera a mi organización más oportunidades y mayor protección. La reciente venta de unas instalaciones manufactureras dentro de China dio lecciones y retos que apresuraron mi exploración de las WFOE , y fue en esta exploración en la que obtuve bastante información que ahora quisiera compartir con ustedes.

A partir de mis investigaciones pretendo crear una WFOE en la provincia de Guangdong, en China, para que sea parte de una compañía incorporada en Hong Kong (o Estados Unidos) llamada A/D Electronics.

Una vez establecida, esta WFOE en particular se enfocará en productos electrónicos y equipos médicos de todas partes del mundo. Nuestro objetivo es venderles tanto a los mercados locales como a los internacionales. Como una WFOE , nosotros conduciremos procesos simples de empaque, ensamblaje, satisfacción del cliente y almacenamiento, como sospecho muchos de ustedes están haciendo también. Estas funciones serán añadidas a nuestro negocio de manufactura ya establecido.

Tengo que admitir que este proceso fue intimidante al principio, pero una vez los pros y contras fueron estudiados y una vez los beneficios lograron demostrar ser más grandes que los problemas, se estableció que el proceso valió mucho la pena. Comparto esta información con ustedes en un esfuerzo para mostrar ambos lados de la moneda, y en un leguaje tan claro como sea posible, los contenidos de este capítulo hacen un resumen de mi investigación de las WFOE.

Regulaciones de las WFOE

Como su nombre lo dice, una Empresa de Propiedad Extranjera, o WFOE, hace referencia a una empresa establecida dentro del territorio chino en concordancia con las leyes chinas relevantes y con todo el capital invertido por una compañía extranjera u organización económica o individual.

En aras de establecer una WFOE los inversionistas extranjeros deben enfocar una buena parte de su inversión en efectivo o en equipos, y el capital registrado debe ser proporcional al tamaño de la operación y responsabilidad de la empresa en términos sociales y económicos. Las ganancias obtenidas y otros intereses legales de una WFOE están protegidos por las leyes chinas.

Las WFOE son propiedad exclusiva de uno o más inversionistas extranjeros (ya sean corporativos o individuales) y pueden entonces ofrecer un mecanismo para obtener un mayor control sobre la administración, la tecnología, el *know how* y las operaciones. Haciendo las cosas más simples aun para el empresario americano, no hace falta tener un socio chino para formar una WFOE.

De todas maneras, sí se está lidiando con un país distinto y no importa qué tan interesada esté la China en su negocio, sólo depende de cada uno el diligenciar lo necesario en la creación de su propia WFOE, y en estos términos, hay varias definiciones en las que es necesario pensar.

El examen y los procedimientos de aprobación de una WFOE

Estatus legal y definición de Responsabilidad Limitada

Las WFOE son sociedades de responsabilidad limitada con el estatus de una compañía legal china. Esto quiere decir que el ciento por ciento de las acciones es propiedad de individuos extranjeros y/o compañías. El término *responsabilidad limitada* comprende la cantidad del capital registrado invertido en el negocio. Aunque esto puede ser de hecho una combinación de dos recursos, como inversión en efectivo *y* equipos, el valor total de éstos también representa el tamaño de la responsabilidad de una WFOE. Bajo estas circunstancias consideradas normales, es importante entender que en el caso de una bancarrota se espera que la empresa matriz compense, por medio de una inyección de capital, la diferencia entre la cantidad necesaria de capital registrado y el capital pago en realidad.

Requisitos del capital registrado

Estos varían de industria en industria y, para mayor confusión, también varían regionalmente. Es entonces racional, si la ubicación de la WFOE puede ser flexible, comprar aquí y allá comparando las diferencias entre los requisitos regionales del capital. Como cualquier otra gran movida (y no piensen en ningún momento que abrir una entidad internacional no es una gran movida), investigación y el desarrollo son la clave para obtener éxito.

Sin embargo, donde sea que se instale la WFOE, el criterio básico de una inversión sigue siendo el mismo. Por ejemplo, en las algunas áreas cercanas a Shenzhen, el mínimo capital registrado es de 1.000.000 HKD o 130.000 USD, que debe deben ser pagados en una sola suma, en un plazo de seis meses.

La WFOE debe tener un capital registrado relacionado con su inversión total. La capitalización de una WFOE es la cantidad total de capital contribuido por el inversionista y registrado con las autoridades (p.e. el capital registrado).

Las proporciones requeridas entre el capital registrado y la inversión total se presentan de la siguiente manera:

Inversión Total	**Porcentaje de Capital Registrado a ser invertido**
Menos de 3 millones de dólares	*70% o más*
3 a 10 millones de dólares	*50% o más*
10 a 30 millones de dólares	*40% o más*
Más de 30 millones de dólares	*33% o más*

Las contribuciones de capital pueden darse en la forma de derechos a uso de tierra, efectivo, maquinaria y equipo. Como advertencia, es necesario estar atentos a que la Oficina China de Materia Prima e Inspección dirige la evaluación final en estos temas, así que su control de este aspecto puede ser limitado. Otras contribuciones de capital pueden incluir propiedad intangible como los derechos industriales o intelectuales, los que pueden ser avaluados en un máximo de 20 por ciento del capital registrado.

La Oficina de Inversiones Extranjeras revisará la responsabilidad general del proyecto y el requisito racional de efectivo por cada tipo de inversión en particular. La Ley de Compañía y las Regulaciones Contables no mencionan ningún requisito específico de proporción para la contribución del capital registrado, aunque un máximo puede ser 70 por ciento en una nueva planta y maquinaria y un 30 por ciento en efectivo. Hay que estar al tanto de que esto no está escrito en piedra y el requisito de la inversión en efectivo puede ser mayor. La Oficina necesitará un porcentaje numeral expresado en el Reporte de Viabilidad y en los Artículos de Asociación de la WFOE para poder expedir el certificado de aprobación.

Al menos 15 por ciento del capital registrado debe ser pagado dentro de los primeros noventa días luego de haber obtenido la licencia de negocio, el resto de la contribución debe ser completada de uno a tres años, dependiendo del capital registrado[1].

Las diferentes fechas límites frente a las contribuciones son las siguientes:

Total Capital Registrado (en dólares)	**Fecha final de contribución para el Capital Registrado**
500.000 o menos	*Antes del primer año tras la licencia.*
Entre 500.000 y 1.000.000	*Antes del primer año y medio tras la licencia.*
Entre 1.000.000 y 3.000.000	*Antes de dos años tras la licencia.*
Entre 3.000.000 y 10.000.000	*Antes de tres años tras la licencia.*
Mas de 10.000.000	*Tiempo límite de examen y aprobación depende de la Autoridad respectiva en concordancia con las circunstancias particulares.*

Escogiendo la ubicación correcta

Para la mayoría de negocios identificar el área correcta para fábrica/negocio es ciertamente uno de los mayores retos que debe enfrentar, y puede serlo más cuando se busca un espacio en otro lado del mundo.

Algunas veces el responsable de la toma de decisiones se apresura al firmar un contrato de arrendamiento o al comprar un espacio sólo por su instinto o recomendaciones en vez del fundamento de una evaluación detallada. No puedo dejar de decir lo equivocadas que pueden ser este tipo de decisiones apresuradas, y ofrezco estas dos palabras como aviso: nunca asumir.

1. Shira., *2004 Business Guide to Shanghai and the Yangtze River Delta* .China Briefing Media, Ltd, 2003.

El proceso de realizar una evaluación detallada de cualquier área posible para una fábrica o un negocio puede consumir mucho tiempo y ser muy complicado, pero el precio por ignorar este crucial paso puede ser costoso, hasta prohibitivo en el camino largo. Como es el caso del nuevo esfuerzo, el pájaro madrugador no siempre consigue el gusano, y ocasionalmente hasta sale perdiendo.

En China, al propietario del terreno no le es permitido arrendar su propiedad si él/ella no posee un certificado al derecho de propiedad. Algunas veces un precio significativamente bajo es ofrecido por esta razón, así que hay que tener los ojos abiertos antes estas situaciones. Antes de escoger un sitio final, es necesario revisar si el propietario es el dueño legítimo de la propiedad y tiene los permisos relevantes. Un contrato de arriendo normalmente necesita ser registrado en una oficina de administración de propiedades.

Temas del medio ambiente

China en general y la provincia de Guangdong en particular se está dando cuenta más y más de sus problemas ambientales y están tomando medidas más estrictas para proteger sus recursos naturales. Si la producción de su WFOE tiene algo que ver con polución, ya sea substancial o mínima, es muy posible que no se le permita trabajar en las áreas cercanas a reservas acuáticas y otros espacios protegidos.

Yo he visto personalmente varias compañías que arriendan lugares y comienzan a montar sus instalaciones para luego darse cuenta de que la oficina de medio ambiente les exige mudarse a otro lugar. Uno puede imaginarse la cantidad de capital, ni mencionar el tiempo, que usualmente significan lo mismo, perdidos en este error tan costoso.

Aunque es posible hacer que avance la aplicación manteniéndose en la locación escogida (al presentar exitosamente todas las valoraciones necesarias y procedimientos de eliminación y protección de polución instruidos por la oficina de medio ambiente), las cosas son mucho más fáciles si dicha valoración ambiental se hace de antemano.

Insisto, al hacer negocios en el extranjero uno nunca puede ser lo suficientemente cauteloso.

Procedimiento general de establecimiento

Simplemente no hay manera de evitar la burocracia; diferentes autoridades entrarán a jugar en diferentes pasos del procedimiento de aprobación para cualquier entidad extranjera en China. Estar avisados de antemano les salvará del agravio causado por las sorpresas y durante el proceso de incorporación ustedes se familiarizarán cada vez más con departamentos como la Administración de Industria y

Comercio, la Oficina de Intercambio Extranjero y Cooperación Económica, las oficinas de impuestos estatales y locales, las aduanas y otras tantas.

El Ministerio de Comercio es la autoridad que otorga la aprobación final para una WFOE. Sin embargo, esta autoridad final delega parte de su poder a su representación local, la Oficina de Intercambio Extranjero y Cooperación Económica en sus niveles de provincia o municipales.

Para su conveniencia, aquí están los exámenes y procedimientos de aprobación para establecer una WFOE:

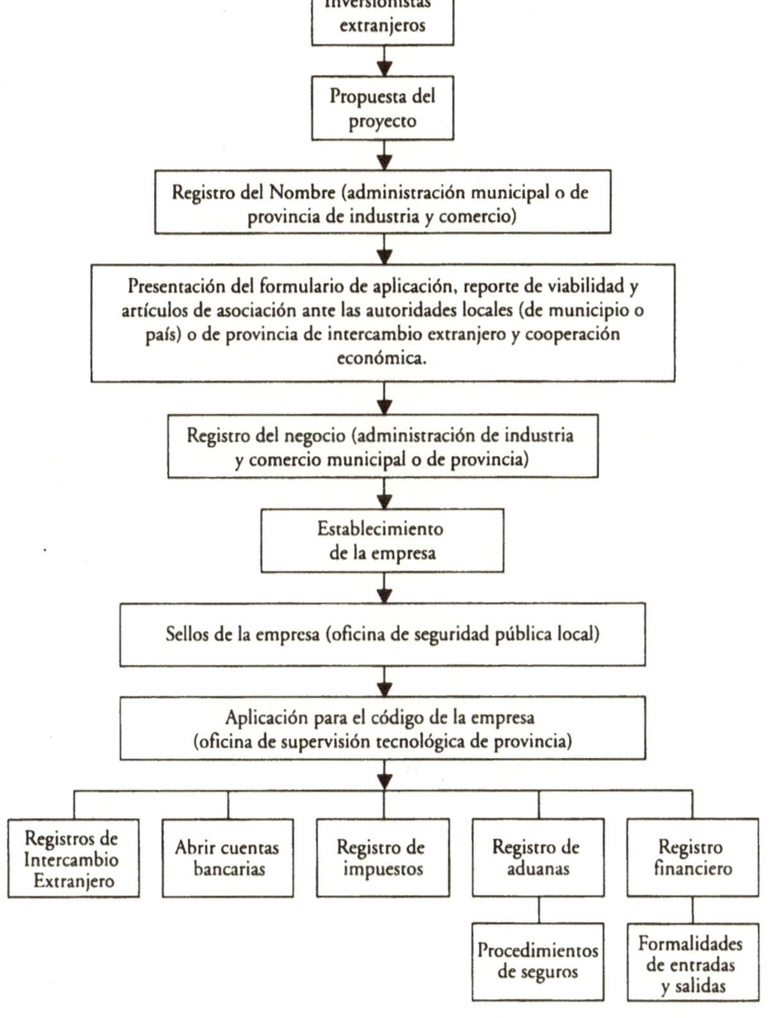

Operaciones:

Control administrativo

Cualquiera que sea su cadena de comando actual, China reconoce un paradigma específico para sus WFOE. En este caso, la junta directiva es la instancia de autoridad más alta y es la que decide las principales políticas de la WFOE y realiza las decisiones clave para el desarrollo de su negocio.

Para manejar varios temas operacionales, la junta directiva también nombra un gerente general. Este es responsable de administrar las operaciones diarias de la WFOE. El Presidente de la junta es, por definición, el representante legal de la compañía. La junta debe estar hecha de al menos tres directores, o de lo contrario, un único director ejecutivo.

Se puede escoger entre una junta de tamaño apropiado para que refleje completamente las intenciones y los propósitos del inversionista extranjero, pero que también sea flexible para operar la WFOE. El gerente general de la WFOE es responsable de la operación diaria y ejecuta las resoluciones y decisiones de la junta por las cuales él/ella es nombrado(a) o removido(a).

Estatus legal

Como con cualquier compañía, los temas legales son de gran importancia en estos días y esta época de una sociedad de litigios, sean domésticos o internacionales. Como una identidad individual, la WFOE tiene el estatus de una persona legal china con el derecho de usar propiedades, llevar una administración y una producción independientes y demandar al igual que ser demandada. La responsabilidad de los accionistas es limitada al capital registrado de la WFOE.

Tierra y Edificios

Recuerda, Dorothy, ya no estás en Kansas. En consecuencia, todo terreno en China es propiedad del estado o de colectivos locales. Los derechos para usar esta tierra pueden ser otorgados a la WFOE o a la compañía matriz por determinados periodos de tiempo; el periodo normal es de 50 años para un uso comercial. Aquellos que usan la tierra pueden a su vez asignar, hipotecar o alquilar a un tercero los derechos del uso de dicha tierra obtenidos por medio del pago de una tarifa de entrega de tierras.

Temas de Valor Agregado

La Oficina de Aduanas revisará el precio de venta del producto final en aras de asegurar la existencia de al menos 25 por ciento de ganancias atribuidas a la manufactura, procesamiento y procesos de ensamblaje. Esto no está escrito en piedra, pero debe ser completado en la práctica. Por ende, una operación simple de ensamblaje no será aprobada si su intención es crear una WFOE manufacturera.

Repatriación de las ganancias

Una WFOE debe mantener sus libros de contabilidad en China para ser sometidos a una auditoría independientemente cada año. Las ganancias sólo pueden ser distribuidas luego de un pago completo de impuestos y un pago de las pérdidas del año anterior. Inversionistas extranjeros tienen el derecho de remitir sus ganancias hacia su país luego de que la WFOE haya realizado las cuotas requeridas por sus reservas/bonos/fondos. En adición, puede también reducir las pérdidas de años anteriores.

Restricciones del intercambio extranjero en China

Hay un fuerte control sobre el intercambio extranjero en la República Popular de China, o RPC. Toda entrada de cambio extranjero debe ser remitida al país de origen del inversionista a menos de que sea re invertida en operaciones dentro de China.

La moneda extranjera a usarse por la WFOE como expediciones puede ser retirada de los bancos locales al producir un Certificado de Registro de Intercambio Extranjero que haya pasado la inspección anual y otros documentos relevantes. De igual manera, la remisión de dividendos y bonos de acciones necesitan documentación y un acuerdo de la junta directiva, además de una prueba de pago de impuestos.

WFOE pueden abrir cuentas de monedas extranjeras y cuentas RMB en China. Hay tres tipos de cuentas de moneda extranjera que pueden ser abiertas en la RGC por una WFOE:

- **Cuenta capital:** Es usada para recibir el capital registrado invertido. La moneda extranjera es depositada aquí y puede ser intercambiada por RMB.
- **Cuenta de comercio:** Es usada para recibir o remitir la moneda extranjera relacionada a las operaciones de negocios. En esta cuenta la WFOE puede quedarse únicamente un monto limitado de moneda extranjera y el resto debe ser intercambiado por RMB.

- **Cuenta de préstamo extranjero:** Se usa para recibir o pagar el préstamo de una empresa matriz o un tercero. La cantidad de dinero depositado en esta cuenta puede quedar como moneda extranjera o intercambiada por RMB.

Precio de transferencias

Las ganancias después de haber pagado impuestos obtenidas por los inversionistas extranjeros en las WFOE pueden ser remitidas fuera de China. Sin embargo, si las ventas de productos finales se hacen a compañías asociadas o a la compañía matriz y no a un cliente directo, puede haber un precio extra de transferencia que debe ser considerado.

El precio de venta al usuario final debe ser el mismo al de las ventas a las empresas asociadas tanto como para los grupos terceros e independientes. Si el precio de venta que viene desde la WFOE es evaluado como uno muy bajo (según el precio del mercado) por una Oficina de Impuestos, puede llegar a ser posible que el precio sea ajustado arbitrariamente utilizando los siguientes métodos de cálculo:

- El método del precio descontrolado y comparable
- El método del precio de reventa
- El método de costo agregado

Hay que recordar que el negocio debe estar al tanto de esto cuando se hacen los cálculos para no omitir pérdidas imprevistas.

Temas principales de impuestos para la WFOE

Impuesto del Valor Agregado

El gobierno chino estipula que todas las unidades e individuos relacionados en la venta de bienes, provisión de procesos, reparación y reemplazo de servicios, y la importación de bienes dentro del territorio de la República Popular de China deberán pagar un Impuesto del Valor Agregado o IVA.

La tasa del IVA es generalmente del 17 por ciento y para unos bienes es del 13 por ciento. Para aquellos que pagan impuestos en pequeñas cantidades la tasa es de un 6 por ciento. El impuesto del IVA que se debe pagar debe ser el balance del impuesto de producción durante el periodo de tiempo menos el impuesto de inversión por dicho periodo. La fórmula para computar el impuesto que se debe pagar es la siguiente:

Impuesto a pagar = Impuesto de Producción por el periodo – Impuesto de Inversión por el periodo

(Dezan Shira, 2003)

Las ventas locales cambian fundamentalmente la situación de impuestos de la WFOE, ya que están sujetas a tramites de importación (variables dependiendo del producto, locación y del consumidor final en el círculo de producción/ventas) en cualquier componente cuya fuente no esté en China y también sujetas al IVA (17 por ciento) en ventas.

Por ejemplo, el método del "posible eximido, del descuento, o del reembolso" se aplica en mi caso particular. El *ser eximido* significa que no se impone el IVA en ventas de exportación, *el descuento* significa que la WFOE puede descontar el IVA del ingreso de las compras locales frente al IVA de la producción de ventas locales, y *el reembolso* implica que la WFOE puede recibir un reembolso del IVA-ingreso en las compras locales de materia prima utilizada para ventas de exportación.

Si la WFOE tiene ventas internas en China, debe cobrar el IVA de producción en estas ventas locales. Sin embargo, si el IVA pagado en insumos es mayor que el IVA cobrado en ventas locales, el monto adicional puede ser reembolsado.

Impuesto del Ingreso de Empresa

La tasa general de impuestos en la República Popular de China es del 30 por ciento, que debe pagarse a la oficina de Estado, y un 3 por ciento a una oficina de impuestos locales, lo cual suma un total de 33 por ciento. Impuestos de vacaciones son aplicables a mi compañía y empresa discriminadamente:

- "Dos años de exención de impuestos corporativos y tres años de una reducción del 50 por ciento" del primer año contable de generación de ganancias para **empresas manufactureras** con un término de operación de más de 10 años.
- La tasa del impuesto de ingreso corporativo general se reduce a un 15 por ciento en Zonas Económicas Especiales como ShenZhen, Zhuhai, Shantou, Xiamen y la isla de Hainan.
- La tasa del impuesto de ingreso corporativo general se reduce a un 15 por ciento en otras áreas especiales en el país como las Zonas de Desarrollo Económico y Tecnológico.
- La tasa del impuesto de ingreso corporativo general se reduce a un 24 por ciento en Áreas de costa abierta como el área de Dong Guan. Más un 3 por ciento de impuesto local, se suma un total de 27 por ciento[2] ".

2. Shira D., op.cit.

Retener impuestos

Para asegurar una baja exposición a los impuestos, un buen método es cobrar los propios servicios de la WFOE a la casa matriz. Entre éstos se incluyen las regalías por marcas, patentes, cuotas de licenciamiento, membresías profesionales, conocimientos administrativos, ventas grupales y costos de mercadeo, investigación grupal y costos de desarrollo, etc.

Estos servicios pueden ser cargados a su WFOE como gastos legítimos trimestralmente. La retención de impuestos se aplica a la factura del servicio (la cual es normalmente más baja que el Impuesto de Insumos de China, así que puede ahorrar dinero).

En contraparte, una empresa extranjera sin un establecimiento permanente en la RGC es causal de una retención del 10 por ciento de impuestos. Este impuesto se basa en todo el ingreso de China, incluyendo intereses, rentas y regalías. Sin embargo, vale decir que las ganancias de una WFOE en la República Popular de China son eximidas de la retención de impuestos (Dezan Shira, 2003).

Impuesto de Ingreso Individual

El Impuesto de ingreso individual en China es impuesto en sueldos, salarios y otros insumos de nacionales extranjeros y residentes locales. En cuanto a los extranjeros, el monto a pagar depende de la posición individual dentro de la WFOE, el tamaño de la residencia del individuo en China y la fuente de los insumos del individuo.

El ingreso mensual de sueldos y salarios es sometido a impuestos de acuerdo con una tasa en escala progresiva, marcando desde el 5 por ciento hasta el 45 por ciento. Los primeros 4.000 RMB de las ganancias del extranjero están libres de impuestos[3].

Para su conveniencia, el total de responsabilidad para un personal extranjero puede calcularse de la siguiente manera:

Salario luego del umbral de reducción de impuestos	**Tasa de impuestos**	**Deducción de Cálculo Rápido**
Hasta 500 RMB	*5%*	*RMB 0*
RMB 501-2.000	*10%*	*RMB 25*
RMB 2.001-5.000	*15%*	*RMB 125*
RMB 5.001-20.000	*20%*	*RMB 375*

3. Shira D., op.cit.

RMB 20.001-40.000	*25%*	*RMB 1,375*
RMB 40.001-60.000	*30%*	*RMB 3,375*
RMB 60.001-80.000	*35%*	*RMB 6,375*
RMB 80.001-100.000	*40%*	*RMB 10,375*
Más de RMB 100,01	*35%*	*RMB 15,375*

En cuanto al personal local chino que se puede emplear, IIT y el fondo de bienestar son aplicables, lo que puede llegar tan alto como 45 por ciento, incluyendo un fondo de pensión, seguro social y médico, seguro de desempleo y fondo de vivienda. Naturalmente, el negocio debe estar atento de esta proporción para propósitos de presupuesto.

Impuesto de Aduanas

El impuesto de aduanas se debe pagar en los equipos importados. Este impuesto está basado en el valor de los equipos determinado por las aduanas si la licencia de la WFOE menciona las ventas locales. El impuesto de aduanas se debe pagar para materias primas importadas si el producto final se va a vender internamente. Por otra parte, el impuesto de aduanas no se aplica si todos los productos finales son exportados.

Políticas y comparación de inversiones entre la WFOE manufacturera y de comercio

A las WFOE manufactureras se les ha permitido vender hasta 50% de su producción al mercado doméstico. Al final del 2004 las restricciones en las ventas internas versus las ventas de exportación fueron removidas. Este cambio hará posible que las WFOE puedan vender la mayoría, si no toda, su producción en China. Lo que permitirá que el negocio participe en el creciente y atractivo mercado local. Para esos que piensan si es tiempo o no para mudarse a China, éste es uno de los momentos más cruciales para considerarlo.

Desde hace un tiempo se ha dificultado el establecer WFOE en las industrias de servicio (comercio) en China. Las WFOE se han limitado a manufacturar, procesar y a realizar operaciones de ensamblaje. Sin embargo, algunos gobiernos locales se han tapado los ojos ante las compañías que rompen estas reglas, siempre y cuando que las WFOE comerciantes estén citadas en una Zona de Libre Comercio. Por fortuna, ahora es permisible establecer WFOE puramente comerciales y vender y comprar en el mercado doméstico. La siguiente es una comparación de ambos servicios:

Comparación entre Fabricación y Comercio WFOE

Item	WFOE manufacturera	WFOE de comercio
Mínimo capital Reg.	HKD 1.000.000 (US$300.000)	Por lo menos USD 300.000 (Varía con diferentes FTZs)
Locación	No hay restricción	Sólo disponible en Zonas de Libre Comercio
Área del local	Al menos 400 metros cuadrados	80-90 metros en la práctica generalmente
Impuesto de Valor Agregado	Con derecho a "posible, eximido, descuento, reembolso"	"exacción en adelanto y luego reclamo". Para compras locales: pagar el IVA al principio y luego obtener el reembolso después de las ventas de exportación. Para ventas de exportación: Libre de IVA a la producción. Si se está en Zona de Libre Comercio, no hay IVA a pagar.
Impuesto a la renta	Disfrute "dos años de exención tributaria corporativa y tres años con reducción del 50%"	No hay impuesto de días festivos

Políticas y comparación de inversiones entre las WFOE dentro y fuera de las Zonas de Libre Comercio

Es muy común para las WFOE, especialmente si son manufactureras o tienen procesos de valor agregado, que se les ubique en lo que se conoce como las Zonas de Libre Comercio en China, o ZLC. No es sorprendente que estas ZLC sean comúnmente situadas junto a los puertos con establecimientos de importación/exportación, aduanas y bodegas unidas. A pesar de la corrupción que hoy todavía aflige a China, sí existe una variedad de compañías que pueden asesorar en cuestiones de logística, almacenamiento y transporte.

Las Zonas de Libre Comercio son útiles porque permiten la importación de productos a las zonas libres de IVA y de impuestos de Importación- y el producto permanece de esa manera hasta que sea o exportado (sin cargos) o hasta que entre al mercado doméstico propiamente- punto en el que el IVA (usualmente de 17 por ciento) y los impuestos pertinentes entran en forma. Así que ¿cuál es la ganancia para uno? Básicamente, esto quiere decir que se puede manufacturar, procesar, ensamblar y hasta almacenar un producto en la zona libre de impuestos hasta que el producto sea o exportado o vendido.

Los negocios deben evaluar sus mezclas de mercados (ventas domésticas versus las extranjeras) en aras de determinar si establecerse dentro de una ZLC es beneficioso o no. Para ayudarlos, he realizado el siguiente cuadro con un listado de las varias políticas y procedimientos involucrados en el tema.

Comparación de políticas entre una compañía extranjera establecida dentro y fuera de una ZLC

Ítem	**ZLC**	**Fuera de una ZLC**
Registro de empresas	Ambas WFOE manufactureras y comerciales son permitidas	A la WFOE de comercio le es permitido únicamente desde diciembre 2004
Tasación		
1. Impuesto de Valor Agregado	Disfrute "ser eximido, descuento, reembolso". por inventario	Igual a la ZLC
2. Impuesto de Aduanas para Materia Prima	Exención- Exigencia a la MP importada y usada para exportar bienes terminados.	Igual a la ZLC
3. IVA e Impuestos de Aduanas por equipos de uso propio	Exención total	1.Exención para las empresas apoyadas 2.Exigencia de impuesto en adelanto y reembolso del 100% para empresas orientadas a la exportación 3. IVA e IA levantado- para otras empresas

4.Impuesto de Insumos de Empresas	1. 15% 2. Disfrute "dos años de exención Festivo sin Impuesto de impuestos corporativos y 3 años de una Reducción del 50%"	Igual a la ZLC
5. Administración de Aduanas de Materia Prima importada	Depósito de impuestos no es necesario	Debe pagarse en el primer año, basado en el IVA y el IA de la Materia Prima importada. Si las empresas se catalogan como "categoría A" en el segundo año, el depósito de impuestos no es necesario
Administración de Intercambio Extranjero		
Formalidades de Verificación y de Cancelación	No se necesita	Se necesita. Toda recolección de bienes exportados debe ser recibida dentro de un periodo de tiempo establecido.
Acuerdos	Cualquier moneda sirve, sea extranjera o RMB	Únicamente RMB La circulación de moneda extranjera es prohibida
Operaciones		
Exhibición	No se requiere ningún depósito para los bienes importados exhibidos y no hay límite de tiempo	Se requiere licenciamiento Se requiere un depósito para los bienes importados exhibidos Existe un límite de tiempo para devolver bienes
Bodegas Unidas	No hay una regulación obligatoria en el límite de tiempo	El tiempo de los bienes almacenados en una bodega se limita para un año
Alquiler	Fábrica: HK$ 30-45 Oficina: HK$ 55-60	General: RMB 11-15

Hacer o no hacer la WFOE:

Consideraciones y conclusiones importantes

Cuando se llega a la pregunta final, hacer o no una WFOE, el tiempo puede estar de su lado. La Ley de Intercambio Extranjero de la República Popular de China, expedida el 6 de abril de 2004 por la Octava Comisión del Décimo Congreso de la Gente, entró en vigencia el 1 de julio de 2004. Estos mandatos fueron enfocados hacia los compromisos de China con la OMT en relación con el comercio exterior.

En esta versión legislada, los operadores de comercio exterior, como se definen en el artículo 8, se han transformado en "individuos y empresas legalmente incorporados en China," mientras que en la antigua ley los individuos eran excluidos. El comercio exterior, como se define en el artículo 2, significa "la importación y exportación de bienes y tecnología e intercambio internacional de servicios," por medio del cual una provisión internacional de servicios es también regulada.

Inicialmente puede no parecer mucho, pero les puedo decir que esto representa un gran paso hacia adelante por parte del gobierno en términos de abrirse hacia los inversionistas internacionales menores. Oportunidades excelentes se ofrecen a los líderes de negocios prudentes si hacen la investigación de todos los factores con diligencia y se convierten en una WFOE.

En resumen, a las empresas extranjeras se les permitió establecer WFOE de comercio desde el 11 de diciembre de 2004; todas las restricciones geográficas para empresas que venden al detal fueron removidas.

Las nuevas regulaciones se aplican para las siguientes actividades:

- **Venta al por menor** (p.e., venta de bienes y servicios relacionados con personas individuales de una locación fija, de igual manera que a través de TV, teléfono, orden por correo, Internet y máquinas distribuidoras);

- **Venta al por mayor** (p.e., la venta de bienes y servicios relacionados con compañías y clientes de la industria, comercio u otras organizaciones);

- **Transacciones representativas basadas en provisiones** (agentes, corredores, subastas);

- **Franquicias;**

- **Importaciones/exportaciones, distribución y venta al detal por medio de compañías manufactureras ya existentes.**

Las limitaciones no dejan de regir a algunos productos específicos como los libros, diarios, periódicos, automóviles, medicinas, sal, químicos de agricultura como pesticidas, crudo y petróleo, y otros productos sensibles que pueden o no afectar su decisión de volverse una WFOE.

Todavía más, los nuevos requisitos impuestos por las regulaciones bajan sustancialmente el capital registrado requerido para comenzar las operaciones en el país. Los inversionistas extranjeros disfrutarán del trato nacional al establecer compañías de comercio con un capital registrado mínimo en concordancia con la Ley de Compañías de China, lo que significa 60.000 dólares para empresas de ventas al por mayor y 36.000 dólares para las empresas de ventas al detal. Si se acuerdan de las cifras al comienzo de este capítulo, estos requisitos son menos de la mitad de la inversión inicial para las primeras y casi un tercio para las segundas.

Sin embargo, un consejo: muchas preguntas siguen presentes en la implementación e interpretación de esta nueva regulación, así que ustedes tendrán que permanecer al tanto del comercio chino para asegurarse de estar enterados de las más recientes regulaciones y/o caídas.

Como con cualquier movida, doméstica o extranjera, el hacer negocios con China, y de hecho en China, implica una buena ración de riesgo. Por otra parte, espero haber compartido con ustedes algunos de los muchos beneficios que existen en este país maduro para el crecimiento, las oportunidades y el éxito. La decisión es suya.

También lo es la ganancia en potencia.

Tabla 1:

Estructura de una WFOE manufacturera

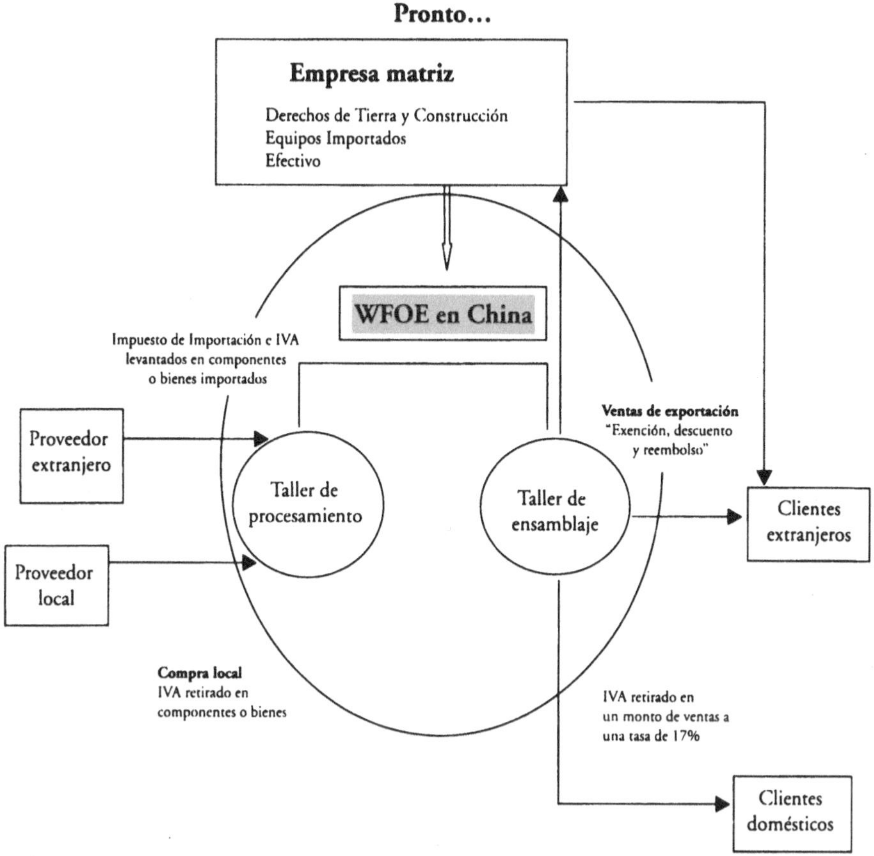

4

Vietnam: Destruyendo el misterio de Hollywood

Vietnam:

Destruyendo el misterio de Hollywood

"¡Buenos días, *Vietnam*!" Es la frase más citada de una de las películas de Robin Williams que lleva el mismo nombre pero cuya versión moderna puede ser, "¡Buenos días, *América*! ¡Levántate y huele la oportunidad!"

Oportunidades al menos para los empresarios americanos como ustedes y como yo. Por si acaso todo lo que saben de Vietnam lo conocen por Hollywood, les puedo decir que les hace falta la visión más grande y amplia de una tierra llena de gente maravillosa, bellos paisajes, un bagaje cultural asombroso, una resistencia casi sorprendente, trabajadores creativos y de aguante y oportunidades de millones de dólares.

Descrita como el próximo Tigre Asiático a entrar al mundo del comercio, justo detrás de China, claro está, el diverso y dinámico país de Vietnam representa una enorme oportunidad para el manufacturero, el importador, el inversionista y, más importante que el resto, para *El empresario* extranjero.

¿Qué hace tan atractivo a un país como Vietnam desde un principio? ¿Y por qué *ahora*? Bueno, naturalmente existe una variedad de razones que se han tomado años en consolidarse para llegar finalmente a la realización, pero dos razones llegan instantáneamente a la memoria: el dinero y la gente. Costos de manufactura son bajos en comparación con otros países asiáticos desarrollados, y la fuerza de trabajo es inteligente, educada y trabajadora.

Por encima de todo, Vietnam es un país en transición. Vietnam nunca ha sido tan amable a las oportunidades de negocios con extranjeros, particularmente con su antiguo adversario político, Estados Unidos. (Un poco más en este tema se discutirá en este capítulo.) Esto hace que sea un excelente momento para pensar en hacer negocios en Vietnam, y para ayudarlos a hacer esto, quisiera discutir algunos de los factores más importantes que se deben tener en consideración para hacerlo.

El punto de vista de los negocios

¿Cuándo fue que Vietnam se convirtió en un punto tan importante de oportunidades de negocios? Claramente, este país, rico en historia y vasto en recursos naturales, siempre ha sido una fuente fértil de posibilidades, pero cuando nos adentramos en Vietnam desde la perspectiva de los negocios, vemos que la economía vietnamita ha continuado su transición durante los últimos diez años desde que Estados Unidos levantó el embargo de comercio en marzo de 1993.

Una docena de años parece difícilmente suficiente para superar a un peso pesado internacional, y hablaremos de algunos de los retos que Vietnam enfrenta para convertirse justamente en eso, pero este sorprendente país ha tomado plena ventaja de esos cortos doce años para crear un clima de negocios lleno de oportunidades.

Aunque mucho se ha hecho gracias a esos cambios en la economía de Vietnam por parte de los miembros de la comunidad de negocios que están a favor del capitalismo y aquellos que luchan por un sistema más socialista, la transición no es, de lejos, tan rápida ni ha alcanzado tantos lugares como las dos posiciones dicen que lo ha hecho.

A pesar de estos acercamientos distintos, algunas tendencias económicas son inconfundibles, y hay que poner mucha atención mientras miramos hacia el futuro y los prospectos para mayores cambios en la economía de Vietnam.

Los principales acercamientos, en mi opinión, son los siguientes:

1. A pesar de la creciente presencia de pequeñas tiendas, restaurantes privados, nuevas fábricas, e Inversiones Extranjeras Directas (IED), el Sector Estatal y las Empresas Pertenecientes al Estado (EPE) siguen siendo el sector más grande de la economía.
2. Un punto principal para resaltar es que la economía colectiva todavía es un factor crucial en la actividad económica en general.
3. El individuo, la economía del empresario pequeño y la economía privada han ido creciendo y madurando, particularmente en dos nichos del comercio moderno, La Ciudad de Ho Chi Minh y Hanoi.

Olvídense de lo que saben sobre los arrozales y Hollywood. El Vietnam del 2005 y del futuro está destinado a ser una economía con un sector estatal fuerte y un creciente sector privado e individual que ha venido siendo cada vez más significante en el sector de ventas al por menor, e incluso crece en el sector de servicios.

Las asociaciones colectivas, particularmente en selvicultura, agricultura y acuacultura permanecen como una porción relativamente grande del Producto Interno Bruto, o PIB. En caso de que se estén preguntando si Vietnam es o no es simplemente un suceso pasajero, olvídenlo. Todos estos cambios permanecerán en los años futuros mientras la economía vietnamita continúe redefiniéndose y adjuntándose a estructuras mayormente basadas en el mercado.

En un intento para incitar más a los extranjeros a traer su dinero a Vietnam e invertirlo en fábricas, este país recientemente aflojó el control central de aprobaciones para licencias de inversiones. Lo que este paso sin precedentes significa en el nivel más tangible para usted y sus empleados es que ahora las nuevas fábricas necesitan no pasar necesariamente por el Ministerio de Plantación e Industria (MPI) en Hanoi, sino que los inversionistas pueden en vez dirigirse directamente al nivel local y llenar los formatos para comenzar su negocio e invertir aquí.

Como cualquiera que haya hecho negocios en un país lejano lo puede decir, entre menos cintas rojas y molestias burocráticas en los niveles altos es mucho mejor. Saltarse este paso por completo significa un mayor control suyo y más ganancias localmente hablando. Algo que inmediatamente los pone a ustedes, y a aquellos con los que harán negocios, en un terreno de juego equitativo.

Noté este hecho con facilidad en una discusión con algunos representantes de los gobiernos locales, en un reciente viaje que realice a ese país. A diferencia del pasado reciente de Vietnam, hoy los procesos gubernamentales son más cortos y racionalizados.

Lo que tomaba meses en hacerse hace sólo unos años atrás, ahora toma pocos días. No puedo decirles lo vital que esto resulta para hacer un intento realista de crear empresa en Vietnam, y en otros países donde el Estado es tan poderoso y presente como lo es en Vietnam. Este golpe ancho demuestra el compromiso de Hanoi para motivar a los extranjeros y su compromiso de largo plazo en ganarse el comercio internacional.

Pero esto no se detiene aquí. Adicionalmente, el gobierno central está hablando de mayores reformas, como la posibilidad de abrir un mercado de acciones para las empresas 100 por ciento extranjeras, liberando todavía más la contratación de ingenieros y administradores de alto nivel, e inclusive otorgándole a las firmas extranjeras el derecho a hipotecar sus activos.

El Ministerio sabe que la competencia por la inversión extranjera es intensa a lo largo de la región, e incluso ha discutido la posibilidad de bajar las tarifas de alquiler de tierras para las empresas extranjeras. Esto no puede parecer mucho en un principio, pero es vital si las compañías de afuera pretenden competir algún día con los negocios locales. En la actualidad, las tarifas de alquiler de tierras para los inversionistas locales son un 40 por ciento menores que las de los extranjeros.

Los desarrollos descritos arriba son buenas noticias para los inversionistas. Aunque muchos de los cambios que se están discutiendo siguen siendo moderados, el cambio para permitir a los inversionistas saltarse al Ministerio de Planeación e Industria e ir directamente al nivel local elimina una capa de burocracia, dando como resultado un chance para evadir el desvío de fondos y el retraso para comenzar un proyecto, que solía ser inevitable.

Inclusive con estos cambios, sin embargo, todavía falta mucho por hacer, y al final del camino los inversionistas juzgarán a Vietnam por sus acciones y no por palabras. Parafraseando a Lenin, "los inversionistas extranjeros votarán con sus pies" para decidir si simplemente pasan por Vietnam o se quedan e invierten.

Eso es, en caso *de que el clima para invertir sea el correcto.*

Como China, Vietnam reconoce tres tipos de organizaciones de negocios típicas para una compañía extranjera: la oficina de representación, la empresa conjunta, o la empresa ciento por ciento extranjera[4]. Todas las anteriores tienen varios pros y contras, pero déjenme compartir algunas experiencias personales para guiarlos hacia la categoría más apropiada para cada uno.

En China, país similar de estado fuerte con varios niveles de burocracia, nuestra compañía ha tenido experiencias con las tres formas por igual. Con base en esta experiencia, creemos que, como en China, el tiempo de las oficinas de representación ya pertenece al pasado.

Yo también recomiendo mantenerse alejado de las empresas conjuntas, dado que creemos que la falta de control, los problemas con la ley protección de las minorías equitativas participantes, la débil presencia de la ley y el persistente fantasma de la corrupción, generalmente hacen que una empresa conjunta no valga lo mismo que los posibles problemas que presenta.

Entonces recomiendo la empresa ciento por ciento perteneciente al extranjero, la cual puede ser creada de una manera relativamente veloz en Vietnam con simplemente aplicar para una licencia de inversión.

Tal aplicación necesita de lo siguiente:

- Un formulario de aplicación para la licencia de inversión
- Los estatutos de la empresa
- Las declaraciones que certifican el estatus legal y capacidad financiera del inversionista extranjero
- Declaración explicativa técnico-económica (plan de negocios)
- Otros archivos estipulados en la ley

La duración de una empresa ciento por ciento perteneciente al extranjero puede ser de hasta 50 años y debe estar establecida en los estatutos. Para aquellos que desean asegurarse una labor que perdure más, el gobierno puede otorgar extensiones al periodo mencionado, pero en este punto ya no podrá superar los 70 años[5].

Poniendo esto a un lado por el momento, uno no puede dejar de ser cuidadoso en aras de evadir la corrupción y el conflicto interno entre el norte (Hanoi) y el sur (Ciudad Ho Chi Minh). El observador casual puede fácilmente ver que la vibrante y visible Ciudad de Ho Chi Minh se está convirtiendo en una ciudad progresiva. Sin embargo, Hanoi, la capital del país, ha sido notablemente más lenta en su progreso. Esto, creo yo, se debe al actual gobierno y a sus miembros. Hay que estar atento a que a pesar de los avances recientes hechos desde 1993, el capitalismo

4. Shira, D., op. cit.
5. Ibid.

sigue siendo observado con cautela por la mayoría de los que tienen el poder en Vietnam.

Como empresario occidental, uno no puede tener demasiada auto confianza al trabajar, o al tratar de trabajar, con países extranjeros. A menos de que estemos conscientes de la cultura e historia de este país, las sorpresas estarán siempre esperando en cada esquina.

Y no todas son agradables.

Antes de esto quiero compartir algunas de mis experiencias personales en esta tierra vital y vibrante; de todas maneras, también compartiré alguna información de contexto para prepararlos mejor a hacer negocios con vietnamitas.

Personas, lugares y cosas

Según la edición de marzo de 2002 de la revista *Corporation Relocation News*, existen más o menos 75 millones de personas en Vietnam hoy en día con una fuerza laboral de 40 millones de trabajadores, sin contar 1.5 de millones adicionales que se añaden a la baraja laboral cada año.

Ochenta por ciento de los mencionados son vietnamitas étnicos, mientras que otros más de cincuenta grupos étnicos diferentes se ocupan del 20 por ciento restante. Alrededor de 7 millones de estas minorías étnicas son miembros de las tribus de las colinas o montañeros, que tienen sus viviendas y residen en las espectaculares montañas del norte y de las mesetas centrales. Entre los tantos idiomas que se hablan en Vietnam se encuentran el vietnamés, el chino, el inglés, francés, e incluso el ruso.

Al igual que con muchos países extranjeros, la disparidad entre los estándares de vida americanos y el potencial moderno que los vietnamitas están ganando es verdaderamente sorprendente. El salario mínimo para los trabajadores es de $35 mensuales[6]. Para ganarse esto, los trabajadores laboran ocho horas diarias, seis días a la semana.

Al visitar diferentes compañías y compararlas con las de otras partes del sur de Asia, me di cuenta en persona de la manera en que los trabajadores vietnamitas tienden a ser más creativos en el lugar de trabajo. La mayoría de los trabajadores vietnamitas no está compuesta por inmigrantes, así que no tienden a moverse tanto, lo cual reduce los cambios de personal. La fuerza de trabajo en general es fuerte, poco costosa, y muy bien educada. Vietnam tiene un índice de alfabetización del 95 por ciento, el cual es relativamente alto comparado con los países vecinos.

Con la forma de una S alargada, Vietnam se extiende a lo largo de la península de Indochina y su superficie cubre un área de 128.000 millas cuadradas –un tamaño similar al de Italia o Nuevo México, en Estados Unidos. China se encuentra al

6. Agencia Central de Inteligencia de los Estados Unidos, El Libro de los Datos del Mundo (Gobierno de Estados Unidos), 2004.

norte, Laos y Camboya al oeste y el Mar del Sur de China al este– [7].

Pocos países presentan un escenario tan bello para hacer negocios. Topográficamente, Vietnam es como un tapiz verdoso de montañas elevadas, deltas fértiles, bosques primaverales habitados por una fauna exótica, ríos de curvas, cuevas misteriosas, formaciones rocosas de otros mundos, y maravillosas playas y cascadas. Más allá de la naturaleza, el visitante curioso y de mente abierta encontrará en Vietnam un manjar de cultura e historia.

Por conveniencia, el país puede estar constituido por tres áreas principales: norte, centro y sur. El norte es conocido por sus picos alpinos, el río Rojo Delta, los llanos de Cao Bang y Vinh Yen, la encantadora Bahía Halong y la histórica Hanoi; de igual manera ésta la diversidad de sus minorías etno lingüísticas.

El clima de Vietnam es tan complejo como su topografía. Aunque el país está completamente entre los trópicos, su rango diverso de latitud, altitud y esquemas climáticos producen una variación climática enorme. El norte de Vietnam, al igual que China, tiene dos estaciones principales: un invierno frío y húmedo desde noviembre hasta abril y un verano caliente y mojado durante el resto del año.

Las temperaturas veraniegas promedian los 79 grados Fahrenheit (cerca de 22 C), que incluyen el ocasional y catastrófico tifón, que mantiene emocionantes las cosas. Las provincias norteñas de Vietnam Central comparten el clima del Norte, mientras que las provincias sureñas comparten el clima tropical del Sur.

PELIGROS AL CRUZAR UNA VÍA

7. Ibid.

El Vietnam del Sur es generalmente cálido, se percibe más calor entre marzo y mayo, cuando las temperaturas sobrepasan los 90 grados (cerca de 30 C). Este también es el tiempo seco del sur, seguido por la temporada de monzones entre abril y octubre.

Todo esto es para reiterar el hecho de que muchos de los negociantes vietnamitas que ustedes están apunto de conocer a través de mis palabras y, ojalá, por medio de sus propias experiencias personales cuando comiencen a explorar los negociosos aquí, han sido formados por un paisaje palpitante y violento que es tan cruel como inconfundible.

Así son también algunos extranjeros que hacen negocios aquí.

Directo al grano:

El negociante japonés

Durante una de mis visitas recientes tuve el placer de visitar un establecimiento japonés en el Sur de Vietnam. Mi joven asistente, quien era vietnamita pero también ciudadano americano y educado en América, y yo escuchábamos atentamente al gerente general japonés mientras él explicaba con entusiasmo las razones por las que su jefe se había trasladado a Vietnam. Su pasión era notable mientras describía dichas razones, muchas de las cuales son similares a las que ya he compartido con ustedes.

Durante esta hora, el gerente general continuaba refiriéndose a lo que el llamaba empleados *co-creativos*. Cuando le preguntamos que nos explicara este término, el cual era novedoso tanto para mi asistente como para mí, nos mostró evidencia de que los trabajadores vietnamitas incrementaban su productividad al hacer lo que él llamaba sugerencias creativas.

Continuando, este entusiasta gerente japonés explicó que las fábricas en China requerían extensa documentación para asegurar que el trabajador llevase a cabo su tarea consistentemente. Una vez entrenado, sin embargo, el trabajador chino alcanzará alta productividad en su trabajo. El trabajador vietnamita puede alcanzar la misma productividad pero en adición puede proveer sugerencias creativas para mejorar la producción y los productos.

Adentrando en la discusión, el gerente general compartió con nosotros las estadísticas más impresionantes de su compañía en cuanto a rotación de empleados. Sorprendentemente, experimentaron menos de 3 por ciento de cambios laborales en Vietnam, mientras que sus plantas en China presentaron un exceso del 30 por ciento.

El gerente japonés continuó con su entusiasta presentación. Siendo un individuo altamente motivado, explicó su pasión por los vietnamitas y nos adentró más en su historia del desarrollo de un trabajador co-creativo.

Luego de expresarle nuestro agradecimiento y gratitud al gerente, dejamos el establecimiento con una perspectiva diferente del trabajador medianamente habilidoso de Vietnam. Ya en el carro, alejándonos del lugar, mi asistente me dijo: "Quiero trabajar para esa persona." Sin ironía alguna le respondí: "Yo también."

Silenciosamente, comencé con rapidez a evaluar mi propia compañía y cómo podría llegar a alcanzar tal actitud de entusiasmo de mis propios empleados.

Lección número 1:

Trabajadores co-creativos se convierten rápidamente en proactivos profesionales, lo que a su turno se convierte en mayores ganancias.

Una semana en Vietnam:

Café, bagre y conveniencia

A lo largo de este libro se podrán leer los incidentes que ocurren fuera del lugar de trabajo. Los incluí no por vanidad o sentido cómico, aunque debo admitir que muchos de ellos se burlan de su servidor y su experiencia en el extranjero, sino que, por el contrario, pretenden probar que de un país se puede aprender lo mismo durante las horas de oficina como *luego* de terminar el trabajo diario.

La siguiente anécdota cuenta una ocasión así.

Un fin de semana durante mis viajes me emocionó mucho la posibilidad de visitar una isla cercana a la costa de Vietnam., una tierra de increíble belleza y escenarios naturales que quitan el aliento, sin ninguna excepción. Desafortunadamente, todos los vuelos salientes de la Ciudad de Ho Chi Minh estaban reservados (al parecer muchos otros también habían descubierto esta isla).

Los resultados de este descubrimiento hicieron que mi joven asistente y yo nos encontráramos discutiendo las alternativas de viaje para el fin de semana. Nuestro conductor sugirió viajar por tierra fuera de la ciudad y descubrir el campo. Sin tener otras alternativas y frente a la necesidad para descansar del trabajo, comenzamos el viaje sin un destino aparente.

El paseo fue placentero y bien recompensado con frecuentes paradas llenas de conocimiento histórico y cultural. Siempre disfruto las conversaciones con los locales y me siento intrigado en especial por los granjeros locales, que trabajan arduamente todos los días bajo exigencias físicas y cargas financieras. Luego llegamos a un campo de arroz, que ofrecía un espacio pequeño de sombra para que el viajero pare y disfrute de una bebida fría.

El sistema predominante de cultivos en Vietnam está basado en la agricultura del arroz, y Vietnam es un país principalmente consumidor de arroz. Pero los ecosistemas de Vietnam también ofrecen una diversidad genética. Específicamente: el café[8].

Como en China, el café es muy popular en Vietnam y todo el mundo consume grandes cantidades durante el día. El pueblo de Khe Sanh, un antiguo campo de batalla en las colinas de Vietnam central, es una rareza; un pueblo repleto de café en medio de una caída global del café.

Durante los años noventa cuando los precios del café sobrevolaron alrededor del globo, los granjeros de Vietnam sembraron arbustos de café con despreocupación. En una década, el país pasó de ser el número 16 en exportaciones de café a ser el segundo de mayor exportación, ayudando a crear un exceso mundial de café en medio del proceso.

Mientras terminamos nuestras bebidas aquel día, noté un pequeño hogar detrás de las ramas. El área del patio frontal estaba cubierta por arroz crudo secándose al aire. Mientras paseamos cerca del lugar pedimos permiso para caminar a lo largo del campo de arroz detrás de la casa.

Con una calurosa bienvenida de varios niños y de su padre, navegamos con cautela entre las cajas esparcidas, los implementos de granja y varios artículos olvidados con rumbo al campo que se veía a la distancia. Cerca del lugar, un pequeño pozo lleno de bagres alegres y gordos literalmente se despertó con nuestro paso cerca al agua, con sus ganosas bocas abiertas se pelearon entre ellos agitando sus aletas para estar cerca de nuestro camino. Nunca había visto unos peces tan alegres de haber visto seres humanos.

Al darme cuenta de un puente pequeño con tablas suspendidas sobre el pozo, planteé una cuestión. "¿Esta tabla es de pesca?", pregunté rascándome la cabeza. "Esos bagres son bastante activos."

"Ah," mi asistente sonrió con conocimiento, "los bagres están anticipando su llegada- y uso."

Confundido, esperé una explicación sin continuar mis preguntas cuando la respuesta literalmente me golpeó en la nariz. Note el fuerte olor séptico cuando el viento cambio su dirección hacia nosotros; me di cuenta de que el baño estaba vivo y coleando.

Lección número 2:

Nunca asumir que las conveniencias occidentales estarán disponibles en el extranjero.

---

8. Agencia Central de Inteligencia de los Estados Unidos, op. cit.

Los túneles:

Lecciones aprendidas; conocimiento acumulado

Continuado con nuestro viaje vietnamita, el conductor se detuvo en un parque a lo largo del camino. Se notó desde la entrada que el parque no sólo era grande sino capaz de recibir grandes grupos de turistas. Luego de atravesar un templo que se levanta como un testamento de la popularidad del parque –y de sus ganancias- nos encontramos por fin con un parqueadero libre.

Tengo que hacer una pausa en este momento para reflexionar en mi historia personal. Nunca tuve el privilegio de servirle al ejército norteamericano. El clímax de la guerra de Vietnam me agarró silencioso y estudiando en la universidad y alejado de las políticas de aquellos días. Con el paso inexorable del tiempo, la guerra en Vietnam se convirtió rápidamente en una memoria distante. Al nunca haber enfrentado la guerra directamente, no estaba para nada preparado para la experiencia que estábamos apunto de enfrentar.

Luego de parquear el carro nuestro conductor nos informo en voz baja su deseo de quedarse en el carro mientras nosotros atravesábamos el parque. Como si esa advertencia no fuera suficiente, pronto aprendí de mi joven pero ahora discreto asistente que estábamos en el legendario Museo del Túnel Cuchi.

Eventualmente me informaron que esta área es cercana a la conocida como el "Triangulo de Hierro", donde los afamados B-52s americanos dejaron caer un sinnúmero de bombas y donde toda el área fue arrasada con Napalm y derribada con *bulldozers* cuando el Vietcong continuaba viviendo bajo tierra en más de 250 millas de un sistema clandestino de túneles enredados y claustrofóbicos.

Los túneles del parque, me contaron de modo ciertamente irónico, habían sido "agrandados" para el tamaño de los turistas típicos occidentales dado que antes tenían problemas para que la gente entrara.

Al parar a la entrada, nos informaron que no podíamos devolvernos una vez comenzado el *tour* y que era necesario continuar el camino detrás del guía asignado. Me pareció un poco sospechoso que a mi asistente le cobraran 25 centavos por la entrada mientras que a mi me cobraron $1.50, pero como ignoré el hecho de que el conductor decidiera quedarse atrás, también aquí me encogí de hombros y lo remití a la causalidad.

Mi naturaleza de sospecha se incremento aun más, sin embargo, cuando el guía apareció en un uniforme militar del VC. (Aparentemente, el era un actor que decidió mantener su papel durante el *tour*.) Joven, en buena forma, y lleno de confianza, el guía comenzó inmediatamente a dirigir nuestra marcha hacia el próximo pabellón.

Nos sentamos junto a unos 20 espectadores atentos a un orador que hacía una presentación entusiasta refiriéndose al mapa cercano que ilustraba un sistema de túneles altamente complejo. Cuando entré, el narrador puso un video en blanco y negro.

De inmediato, mi preocupación comenzó a elevarse. Este video mostraba una versión de los túneles de 1967 a 1969 y la aparente victoria contra los americanos.

Además de parecerme molesto el video fue bastante interesante, ya que representó el rico e histórico relato de una tierra en la que me encontraba en aquel momento. Durante la guerra de Estados Unidos contra Vietnam, hubo una basta presencia del Vietcong en los pueblos alrededor de Cu Chi. En un intento de esquivar al ejército americano, el Vietcong se escabulló excavando, y así creó los túneles de Cu Chi.

En 1965, 250 kilómetros de túneles se esparcían a lo largo del área de Cu Chi. Túneles que eran tan pequeños que incluso tenían ochenta centímetros de alto y ochenta centímetros de ancho, algunos se encontraban cuatro niveles debajo de la tierra y tenían baños, pozos, cuartos de reuniones y dormitorios, al igual que hospitales elementales. Lo intrincado y lo sofisticado de los túneles fue un resultado de la función por encima de la forma, porque, en ocasiones, era necesario mantenerse bajo tierra hasta por semanas.

Los americanos utilizaron gases especiales y *bulldozers* para remover las cubiertas y enviar tropas por los túneles solo para encontrar trampas, serpientes y bombas, todo en vano. Finalmente, decidieron bombardear todo el espacio.

Una vez el video había terminado, nuestro guía nos mostró el primer túnel. Sin ceremonia alguna, entramos. Me golpeé la cabeza con la parte superior de la entrada asustando a un murciélago, que voló al frente. Mis dos hombros rozaban con los lados del túnel y en algunas partes camine en rodillas y manos. Mientras tanto, parecía que el guía avanzaba rápidamente sin problema alguno.

Mi mente recordó el video que acababa de ver, y me debilitó la idea de tratar de llevar municiones y cañones pasando por aquí con una saturación de bombas que duraba el día entero, para llegar a los campos de arroz sólo en las noches. Desde ese día he tratado de imaginar el estar en esa área durante la guerra. Ahora tengo una mejor idea, pero todavía no puedo imaginar el terror puro que esos hombres debieron haber experimentado al calor de la batalla.

La entrada al túnel estaba bien escondida, y con buenas razones. Luego entendí que ellos escondían la entrada rápidamente para cada grupo turístico. Tenían una escotilla plana que se abría hacia arriba, reforzada con concreto, para que los visitantes notaran la diferencia golpeando, tratando de encontrarla. Con un poco de tierra, la entrada quedaba invisible. Nuestro guía preguntó si alguien quería entrar. Este no era un túnel para turistas, sino uno normal.

Como era de esperarse, nadie quiso hacerlo.

Había tres niveles en el túnel que exploramos, el cual nos contaron era un ejemplo de muchos otros con sus cocinas, escuelas, cuartos médicos y almacenaje. La unidad médica era una cama y un toldo, un pequeño bolso de doctor y una luz. Nadie conoció el contorno entero de la caverna por el miedo a las torturas de aquellos que hablaban.

¿Por qué contar esta historia? ¿Y por qué en un capítulo que habla de hacer negocios en Vietnam? Hasta el momento la implicación debería estar clara. Es importante recordar esta guerra, especialmente para el empresario americano que desea conducir sus negocios en Vietnam.

Hasta el día de hoy Vietnam se considera victorioso de ese histórico y sangriento conflicto, y durante años después de la guerra, lentamente fue excavando y alejándose de la depresión económica, todo gracias a la fuerza de su voluntad.

Al hablar de los negocios en Vietnam del Norte con oficiales del gobierno, sigo sintiendo una lucha entre los negocios pertenecientes al estado y los pertenecientes al sector privado. La Ciudad de Ho Chi Minh está cambiando dramáticamente hacia la empresa privada, mientras el Norte continúa enfatizando en antiguos ideales.

Desgraciadamente, a pesar del camino avanzado, Vietnam sigue siendo una tierra de conflictos.

Lección número 3:

Sepa a dónde se dirige antes de entrar a un carro.

Costumbres y Cultura

Cualquier persona que vaya a Vietnam sería sabia al aprender un poco sobre las particulares costumbres y supersticiones del país, con el fin de evitar confusión, malentendidos, resentimientos o incluso la pérdida de amistad. (¡Sin mencionar la perdida de negocios!)

El viejo dicho, "A donde fueres, haz lo que vieres", no puede aplicarse a la letra en Vietnam, pero sigue siendo muy importante que nosotros respetemos ciertas costumbres y supersticiones de las personas que viven y trabajan allí.

Habiendo tenido un contacto extensivo con los americanos hasta ahora, los vietnamitas comenzaron a entender las costumbres americanas y hasta han adoptado algunas de ellas para uso propio. Sin embargo, hay miles de personas ordinarias cuyas costumbres no han cambiado al paso de las generaciones. Y al parecer no lo harán pronto.

Las costumbres *sí* están cambiando, pero lentamente. Para ir al grano: la mayoría de los vietnamitas de áreas urbanas ya no hacen la venia cuando se encuentran unos con otros. En eventos formales, lugares religiosos, y algunas veces en las áreas del campo, se podrán ver personas que juntan sus manos en un gesto de oración haciendo una pequeña venia. Esto no se practica de ninguna manera en la vida diaria de Vietnam, como sí se hace en su país vecino, Tailandia.

La costumbre de estrechar las manos, considerada anteriormente barbárica por el vietnamita en general, ahora es cada vez más popular, principalmente gracias a la influencia occidental en el país. Hoy los hombres vietnamitas en general se dan las manos y dicen el equivalente a "hola, ¿qué tal?" y se quitan el sombrero al saludar a las personas. Las mujeres, especialmente las campesinas, todavía se alejan de juntar las manos, especialmente con los hombres de su propio país. Por eso, es mejor no ofrecer el saludo de mano a una mujer, a menos de que ella lo haga primero.

Es bueno practicar esto de todas maneras, sea el estrechar las manos, comer en un restaurante local o cualquiera de las miles de las pequeñas costumbres diarias que pueden pasar desapercibidas. Como americanos, tenemos la tendencia a actuar guiados por el instinto, pero cuando se está en el extranjero es necesario dar un paso hacia atrás y primero observar para luego hacer. Escuchar primero; luego hablar. Haciéndolo se puede descubrir una que otra costumbre o hábito que puede ayudarlos a mezclarse con los locales.

En concreto: mientras los americanos usualmente se presentan en ciertas situaciones, el vietnamita del común piensa que eso es algo osado y prefieren que algún tercer conocido de ambos haga la introducción. Los vietnamitas no se presentarán al entrar a una casa u oficina sin que se les sea solicitado. Esto puede deberse a su modestia interna y timidez, o quizás a la costumbre, pero en cualquier caso, es algo que debe ser entendido y, más importante, respetado.

Todo está en el nombre

Los nombres son de gran importancia en Vietnam. Usualmente los vietnamitas tienen nombres secretos, que sólo los conoce cada uno y sus padres. Si este nombre se da a conocer, la persona cree estar entonces expuesta a espíritus malignos. Aparte de ciertas excepciones, los nombres de familia son utilizados rara vez fuera del círculo familiar. A los hijos usualmente se les ponen los nombres según el rango de nacimiento, como Chi-hai, Chi-ba (hija uno, hija dos, etc.).

Entonces, ¿cómo poder sobrepasar esta superstición? Uno debe referirse a los vietnamitas como Sr., Sra., o Señorita hasta el momento en el que se le diga que pueden referirse a ellos con su primer nombre. Sean pacientes. Los vietnamitas no hacen eso tan rápido como los occidentales en sus relaciones interpersonales.

Otra cosa para recordar que es especialmente importante, cuando se está en la presencia de una tercera persona, su conocido debe ser llamado por su nombre pero con un Señor, Señorita o Señora. en frente. Si esto no se hace, puede entonces sugerir una gran intimidad o amistad, o puede ser malinterpretado como un trato arrogante del sujeto por un superior. Cualquiera de los dos es un error a los ojos del homólogo vietnamita.

La mayoría de los nombres de vietnamitas consisten de un nombre de familia, un segundo nombre y el primer nombre. El orden es contrario al orden americano. Por ejemplo el nombre Juan Pablo Gómez en el estilo vietnamita sería Gómez Pablo Juan. Sin embargo, en Vietnam a nadie se le llama por el apellido. Si por ejemplo utilizamos los nombres Señorita Hau Dinh Cam, Hau es el apellido. Podemos llamarla Señorita Cam. Volviendo al ejemplo anterior, Juan Pablo Gómez sería el Sr. Juan. En todas las ocasiones informales, podemos si nos lo solicitan llamarles Cam o Juan, pero añadiendo siempre un señorita o Sr. en la presencia de otras personas afuera del grupo.

Una excepción a esta regla viene de las costumbres tradicionales antiguas cuando a los líderes amados se les llamaba por su apellido. Muy seguido en el proceso de hacer negocios ustedes se encontrarán con locales que tienen varios rangos de autoridad, educación o posición. En estos casos específicos es muy deseable referirse a los profesionales vietnamitas y oficiales del gobierno por sus títulos (p.e., Sr. congresista, Sr. doctor, Sr. teniente, etc.).[9]

Al hablarle a los vietnamitas, es mejor hacerlo en voz baja, utilizando sus nombres encabezados por Sr. Sra., o señorita. Es importante recordar que hacer ciertos gestos o agitar la mano con los dedos en alto es considerado altamente irrespetuoso por los vietnamitas.

Si es necesario llamar a alguien por medio de señas, toca hacerlo utilizando la mano entera con la palma hacia abajo. No hacerlo indica un aire de autoridad o superioridad sobre la persona solicitada.

Como muchos en Asia, los vietnamitas son extremadamente supersticiosos. En Vietnam los ancestros y el vínculo directo con el mundo espiritual del más allá no son intangibles, son acontecimientos diarios, y como tales deben ser tratados con respecto, dignidad y, sobre todo, cautela. Por ejemplo, nunca se puede tocar a nadie en la cabeza, porque hacerlo es considerado como un insulto personal al individuo e incluso tal vez a sus antecesores. Muchos vietnamitas consideran que el espíritu reside ahí, por ende, la creencia de que si una persona pierde la cabeza, su espíritu volará por siempre sin encontrar un lugar de descanso.

A pesar de lo difícil que pueda ser el resistirse, no toquen a nadie en el hombro. Algunos creen que un genio reside en ese lugar, y molestarlo es poco deseable. Si por descuido se toca el hombro de una persona, se debe tocar el otro hombro también para contrarrestar la mala suerte.

Los vietnamitas tienen el hábito de no mirar a los ojos cuando le hablan a uno.

---

9. Hgoc, H., *Sketches for a Portrait of Vietnamiese Culture.* Hanoi, The Global Publishers, 1995.

En América, esto es considerado de mal gusto, pero en Vietnam es, de hecho, lo contrario. Algunas veces sucede por timidez, pero una de las principales razones es que tradicionalmente ellos no miran a los ojos de quienes respetan o de aquellos que tienen un rango más alto. Esto se hace para demostrar cortesía.

La sonrisa de un vietnamita puede ser bastante confusa para un foráneo en Vietnam, y ocasionalmente puede hasta causar malentendidos. En algunos países asiáticos, una sonrisa puede significar pena, preocupación o vergüenza. En Vietnam, puede indicar una reacción de carácter cortés pero quizás escéptica ante algo o la tolerancia ante un error o malentendido, o, de vez en cuando, puede representar la sumisión frente un juzgamiento que pudo ser erróneo o injusto.

Esto es particularmente cierto cuando el que hace el juzgamiento se encuentra en un nivel superior y que quizás haya perdido los estribos. Por ejemplo, una lavandera que daña la camisa favorita de su empleador quien le exige explicaciones al respecto. No significa que ella crea que la situación es graciosa, pero en cambio hay una sumisión tácita frente al hecho. Si el dueño de la camisa se enfada, ella puede de hecho *continuar* sonriendo, indicando cortesía o paciencia con su superior.

A causa de esto, los extranjeros deben ser muy cautelosos al expresar sus opiniones e incluso deben ser un poco más delicados y tolerantes, y ciertamente deben tratar de no ser obstinados.

Disputas ruidosas y discusiones fuertes son mal vistas, y rara vez se ven entre los vietnamitas. Personas bien educadas son entrenadas en autodisciplina. Es mejor que los americanos u otros extranjeros hagan su mejor esfuerzo para mantenerse calmados, sin importar las circunstancias, a menos que se les mire con desprecio.

Los vietnamitas casi no utilizan un acercamiento directo ante las situaciones. Hacerlo indica una falta de tacto o delicadeza. El ser directos es respetado en el mundo occidental, pero no en Vietnam. A los vietnamitas no les gusta decir que no y usualmente contestan sí cuando la respuesta debería ser negativa. Este problema se complica más cuando los americanos presentan preguntas negativas como: “No parece que vaya a llover hoy, ¿cierto?” La respuesta correcta es usualmente la que los vietnamitas dan: sí. Sin embargo, nosotros esperamos un no.

Piénsenlo, y verán que los vietnamitas tienen la razón. El mejor consejo: no hacer preguntas en negativo.

El 13 de la suerte:

La docena de consejos de un panadero

Estas costumbres y compromisos son mucho para tener en la cabeza, lo sé. De hecho, es casi como aprender un idioma extranjero: a menos que se use, se pierde.

Puedo hablar con confianza sobre las diferencias culturales entre Vietnam y América, también como los varios matices sutiles que pueden afectar, o ayudar, una negociación empresarial, porque los he visto de primera mano y experimentado en carne propia.

Pero no hay afán. He compilado la docena del panadero en cuanto a las costumbres más confusas (que no se pueden obviar) y apreciadas (por los vietnamitas) que estarían destinadas a confundirlos a ustedes en cualquier momento del camino. Digo estarían porque, luego de leerlas, sus habilidades para lidiar con los vietnamitas harán de estas embarradas sociales algo del pasado. De hecho encontré la lista en un artículo de un periódico en Hanoi firmado por un Sr. Tutle. Entonces (respetando los esfuerzos de este señor) les ofrezco a ustedes el consejo de él:

1. No expresar admiraciones generosas al ver un recién nacido, porque los demonios pueden oír y querrán robarse al niño por sus bondades.
2. Al hacer un viaje de negocios, evitar siempre ver a una mujer antes. Si se hace al salir por la puerta o ya durante el trayecto, es necesario posponer el viaje.
3. Los espejos están usualmente localizados frente a las puertas. ¿Por qué? Es simple, en realidad. Si un dragón trata de entrar, verá su reflejo y pensará que ya hay un dragón y se irá.
4. Un sólo plato de arroz y palos chinos no debe servirse nunca. Siempre es necesario poner al menos dos en la mesa. Uno es para los muertos. Nunca dejar que los palos toquen otros palos o que hagan ruidos innecesarios. No colocar los palos sobre la comida y dejarlo así.
5. No le pasen un palillo de dientes a nadie.
6. Nunca comprar un colchón con una almohada, siempre toca comprar dos.
7. No usar nunca las toallas de los familiares.
8. Nunca voltear los instrumentos musicales o golpear ambos lados de un tambor al mismo tiempo.
9. No cortarse las unas de las manos ni de los pies en las noches.
10. Pagar la mitad de la cuenta, un hábito popular en América, con los vietnamitas *no* es bien visto. Si se encuentra con alguien en un restaurante o se une a su mesa, deje que éste pague la cuenta entera o páguela usted mismo. Al dudar, recuerde que la persona mayor es la que usualmente paga.

11. Los regalos de bodas usualmente se dan de a dos, incluyendo las sábanas. Entregar solamente un objeto indica que se espera que el matrimonio no dure mucho. Dos objetos no tan caros son más bienvenidos que uno.
12. Personas educadas y otras que no forman parte de la clase obrera no trabajan con sus manos. Hacerlo, parecerá una intención de ganarle el trabajo a un obrero pobre. Además, esta considerado por debajo de la dignidad de las personas refinadas.
13. Los sombreros usualmente no se usan dentro de las iglesias, incluso en las católicas.

¿La palabra final?

A causa de que una falta de información sobre diferentes culturas y sus prácticas de negocio ha terminado con los esfuerzos de muchos negocios internacionales, es muy importante que entendamos las diferencias entre hacer negocios en el Oeste y hacer negocios en Vietnam.

Cada persona que planee abrir un negocio en el país debe observar las diferencias culturales del país en el que están queriendo realizar sus operaciones. Nuestro conocimiento sobre estas diferencias debe estar, en todo momento, al frente de nuestras negociaciones para que la ignorancia cultural no se convierta en un sinónimo de la ignorancia profesional.

La profundización de las relaciones económicas, comerciales y de asistencia entre el Occidente y Vietnam promoverá eventualmente una sociedad civil, fomentará reformas económicas, impulsará al país más hacia al sistema de comercio basado en reglas internacionales, y promoverá los intereses del negociante occidental. Mientras tanto, es nuestro deber el entender a Vietnam en aras de hacer negocios aquí.

Como dijo el empresario Japonés con el que disfrutamos tanto haber hablado, "En el futuro, los ojos del Oeste estarán fijos en Vietnam como un socio co creativo."

Vietnam está comenzado a interesarle a muchos negocios globales.

¿Al suyo también?

5

Interactuando con Corea: La formación de un empresario internacional

Interactuando con Corea:

La formación de un empresario internacional

Cuando inicialmente comencé mi viaje para ser un empresario internacional, uno de los primeros países que visité fue Corea del Sur. Ahora este país no puede ser tan reconocible a primera vista como, digamos, China o Japón, pero como todos sabemos, en los negocios algunas de las mejores apuestas pasan muy por debajo del radar de la competencia. A comienzos de los años ochenta, por ejemplo, cuando yo comenzaba la expansión de las operaciones de mi negocio hacia el exterior, Corea del Sur ofrecía una diversa comunidad de negocios que le otorgó a mi compañía una ventaja definitiva en medio de un mercado cada vez más competitivo.

Como siempre, se debe tener un objetivo específico en mente al visitar otro país. Para mí, la razón principal para visitar Corea del Sur en su momento fue evaluar una instalación manufacturera recomendada por un amigo de negocios quien había tenido experiencias anteriores al hacer negocios con coreanos. (Recordatorio: nunca es malo tener un amigo de confianza que pase por la experiencia antes que uno. ¡Los amigos usualmente le hacen a uno el favor de averiguarse las trampas antes de que uno se embarque!)

En aras de entender completamente tanto la significativa experiencia que obtuve en Corea del Sur como la razón por la que este volumen se enfoca en aquellos cercanos a la comunidad asiática, el lector debe primero conocer algunas de las tantas características culturales que los coreanos comparten con los chinos y japoneses. Esto se debe básicamente a la larga historia de contacto entre Corea y esos países, de igual manera que a su proximidad geográfica. De hecho, la China fue la que principalmente le dio un nacimiento cultural a los coreanos.

El futuro negociante debe también entender que una parte significada del carácter coreano fue forjado por interminables y sangrientas batallas contra invasores del mar y del norte (básicamente de cada esquina del globo).

Hay cientos de libros escritos por miembros de la academia, psicólogos, empresarios, y otros que se han esforzado desde el siglo diecinueve por explicar la mente y el comportamiento del pueblo coreano, y lo hicieron con justa razón; pocas naciones han estado bajo el asedio tan seguido y por parte de tantos invasores extranjeros como Corea.

No es necesario leer todos los libros sobre Corea para poder hacer negocios allí, pero *sí* creo que comprender algo del idioma coreano y sus palabras clave puede proveer un valioso entendimiento de las mentes de los coreanos y de sus emociones, conceptos y actitudes. No sólo el adquirir un mejor entendimiento cultural del pueblo coreano ayuda a entenderlos, sino que también le informará de cómo hacer los negocios con ellos.

Tuve mucha suerte al tener un mentor y desarrollar una amistad con un profesor coreano. Su ayuda fue crucial en el desarrollo de mi sensibilidad ante la cultura coreana y la mentalidad de su gente y también en el adelanto de mi continuo entendimiento en las delicadezas del idioma coreano.

Durante todos mis años de viaje al exterior haciendo negocios con aquellos que se visten, comen, beben, y hablan en maneras diferentes a la mía, puedo decir honestamente que pocas culturas miden de una manera tan significativa sus palabras como la gente coreana. Las palabras no son simplemente parte de un idioma para los coreanos; son una forma de arte. Luego de hacer negocios continuos con los coreanos por cinco años, he adquirido un gran aprecio por esas palabras repletas de cultura que hacen parte del idioma coreano.

Es interesante notar que la mayoría de coreanos comparte sólo cuatro o cinco nombres de familia (en términos occidentales, apellidos). Hay una abundancia de apellidos como Kim y Park en Corea, pero no son comparables con la cantidad de González en nuestro continente. La sutileza lo es todo en Corea; es importante que el empresario occidental distinga esa diferencia.

Antes del extranjero

Si el idioma es una forma de arte coreana, entonces la historia es el lienzo en el cual la mentalidad coreana es pintada. Los coreanos son un pueblo vibrante y colorido, pero su carácter y su orgullo van mucho más allá del típico estereotipo asiático. El conocimiento de los hechos y las fechas es una cosa, pero hacer negocios en Corea demanda cierta sensibilidad a la historia más allá de las versiones resumidas.

Es importante saber algo de la historia de Corea y la sociedad pre modernista coreana, ya que es la base de muchos comportamientos de negocios que eventualmente se observan. Aunque antes de visitar Corea por primera vez yo no conociera tanto de su historia como lo hago ahora, tras años de investigación, consideraría que los chinos fueron los primeros extranjeros en poner sus pies en Corea, hace como 4.000 años.

Durante los 3.500 años siguientes, Corea fue invadida por los japoneses y los mongoles, también por los chinos. Fue alrededor del siglo dieciséis cuando el primer occidental se apareció en Corea. De hecho, luego de una invasión por parte de Japón entre 1592 y 1598 aproximadamente, y otra invasión por parte de los manchurianos en 1630, Corea decidió cerrar sus puertas a *todos* los forasteros[10].

Fue sólo a principios de los años 1600 que un holandés arribó y le fue dado un puesto militar y un nombre coreano (él era un experto en armas de fuego), y se casó con una chica coreana. Para ponerlo en una perspectiva literaria, el fue la versión coreana de *Shogun*, de James Clavell.

10. United States Central Intelligent Agency, The World Fact Book (U.S. Government),. 2004.

Ya por 1832, un creciente número de barcos mercantes y de guerra había llegado a las aguas coreanas, y es fácil ver por qué este país vibrante, rico y vasto en costas se convirtió en blanco de una agresión tan continua.

Estoy sorprendido de que tantos conflictos militares ha tenido que aguantar este país (algunos de su propia iniciativa) hasta ese momento en la historia. Creo que la estrategia militar y de guerra está arraigada en el idioma y la cultura como un resultado de la constante defensa de su territorio.

Luego de algunos conflictos históricos interesantes, Corea finalmente se vio obligada a abrir sus fronteras a los occidentales en 1876[11]. Como resultado, una masiva ola de misioneros, educadores y profesionales pronto llegó a Corea. Sin sorprender de ninguna manera, Japón invadió a Corea e instaló un gobernante de juguete en 1985. Los rebeldes coreanos atacaron luego a las fuerzas invasoras. Japón contestó y eventualmente anexó Corea, por ende eliminándola como entidad nacional. Durante los siguientes treinta y cinco años Japón intentó eliminar la identidad nacional y cultural de todos los coreanos. Durante estos tiempos difíciles, los japoneses sacaron a todos los occidentales, alejando así a Corea del resto del mundo.

En aras de entender al empresario coreano, es *necesario* aferrarse a la noción de que las palabras no son sólo palabras, pero que en vez tienen un rango, o una estricta posición de importancia, para los coreanos. Durante mis primeros tiempos en Corea, mi mentor tenía su listado propio de las diez palabras más importantes y me las hizo repetir hasta que las aprendí de memoria. Él pensaba que el conocimiento de las palabras culturales era una de las llaves para abrir la puerta hacia el éxito en Corea.

Él tenía razón.

Muchos de estos listados están basados en razones obvias. Cuando un país entero debe tener cuidado de cada palabra para no ofender o delatarse frente a una fuerza invasora, las palabras verdaderamente se convierten en armas. El lector debe reconocer que de hecho *sí* existe un rango, más que una forma de gramática o estructura en el lenguaje. Este listado está relacionado culturalmente, y creo que es basado en el conocimiento antiguo de Confucio.

A cualquiera que se le hable de este tema tendrá algunas opiniones propias sobre los rangos, pero todos están de acuerdo en que tales palabras tienen una importancia mayor a su sentido literal. De todas maneras, sí existe un rango.

Por el bien de las conversaciones, algunas palabras que lograron entrar al top diez son: *padre*, *hijo*, *madre*, *estudio* y *dinero*. Uno ciertamente puede discutir sobre otras tantas palabras, pero concentrémonos en estas para mostrar qué tan significantes pueden ser en la cultura coreana unas palabras tan simples.

La relación entre padre y madre (y sus hijos) ha cambiado dramáticamente a lo largo de la turbulenta historia de Corea. La diferencia generacional usualmente

11. Idem.

toma lugar gradualmente, pero con una historia tan violenta y turbulenta como la de Corea, las divisiones culturales han ocurrido algunas veces dentro de una generación. Tal división nunca fue tan notoria como durante los disturbios estudiantiles al final de los años ochenta.

Su servidor casualmente presenció en primera fila esta debacle; observaba por la ventana del hotel Hilton, donde me estaba quedado, cómo la policía formaba un anillo alrededor de la iglesia donde los estudiantes estaban encerrados luego de marchar en protesta contra lo que ellos creían era un anticuado y tiránico reinado de la generación de sus padres.

La tensión estaba en el aire mientras nuestro pequeño centro del pintoresco distrito se convertía repentinamente en el terreno para lo que sería un incidente internacional. Los sonidos de hombros marchantes y máquinas de guerra resonaron por toda la calle. Mientras se esparcía el gas de pimienta hacia mí y hacia mis compañeros huéspedes de hotel, me acordé abruptamente de las diferencias culturales que dividían a los estudiantes, quienes ansiaban liberarse de los lazos de su estricta crianza cultural, y de sus familias, que se aferraban con desespero a la seguridad de las tradiciones.

Los estudiantes aprendieron métodos occidentales de misioneros y profesores y estudiantes de intercambio mientras que sus familias inmediatas se afianzaban en los viejos valores culturales que los habían visto triunfar sobre invasores foráneos durante toda la historia de su país. Esta dicotomía, este conflicto entre culturas, si se prefiere, únicamente profundizó la división entre los hijos y sus familias.

El conflicto que presencié aquel día fue un resultado directo de tal división.

Durante los años setenta, la tan codiciada buena vida del típico coreano era una de mucha comida, vestimenta, y artículos electrónicos. Ya a finales de los ochenta, todo eso había cambiado. Ahora la gente común y corriente podía darse lujos con muchas cosas materiales. Fue el comienzo de la era de la opulencia, al igual que el comienzo de muchas disputas internas en Corea entre sus generaciones enfrentadas.

Este grupo de edades era conocido como el Grupo Naranja (la versión coreana de las generaciones X o Y). Aunque hay algunas connotaciones negativas ligadas al Grupo Naranja (opulencia), las negativas ciertamente se desvanecerán en el siglo veintiuno con el crecimiento de Corea hacia una prominente posición en la comunidad internacional.

Lo que hace fácil el trabajar con la Corea de hoy, más que con la Corea, digamos, de los años noventa, es su deseo e impulso hacia la globalización o hacia lo que ellos llaman *Segyehwa* (say-gay-hwah). Por fortuna para nosotros, este deseo de globalización está prevaleciendo en Corea del Sur. Las universidades y los ejecutivos de primera línea están usando esta palabra, ya que es una condición a la que ellos se esfuerzan por acceder con mayor relación a los mercados extranjeros.

¿Qué significa todo esto para ustedes? Todo esto es una gran noticia para el negocio internacional que considera a Corea como una tierra fértil en oportunidades. ¿Quieren más buenas noticias (y quizás un poco de consuelo al saber que no es necesario aprender coreano antes de hacer negocios allá)? Incluso los más altos ejecutivos en Corea insisten en que el trabajo diario en sus departamentos internacionales sea conducido en inglés. Estas buenas noticias no deben hacer que el occidental se sienta demasiado seguro. Permitirán, sin embargo, un acceso mucho más fácil a los mercados coreanos.

Con el paso de los años, Corea ha resuelto temer menos a los foráneos y hacer cada vez más negocios con ellos. Como resultado, la nueva Corea se está volviendo más fuerte con cada año que pasa, Incluso con la tensión económica del final de los años noventa, Corea emerge como una gran oportunidad para el comerciante internacional.

Pero antes...

Un poco de antecedentes

La historia es tan vieja como el país; hablando históricamente, la economía de Corea del Sur se ha basado siempre en la agricultura, pero su entera cultura ha sufrido una industrialización sorprendentemente rápida desde el comienzo de la década de 1960. Como resultado, el Producto Doméstico Bruto (PDB) se expandió en más de un nueve por ciento anualmente entre mediados de los 60 y mediados de los noventa. Gracias a esta curva de aprendizaje, Corea ahora puede competir industrialmente con lo mismo que el resto de sus opositores asiáticos.

Los poderes han descubierto esta tendencia y han jurado continuarla; una serie de planes económicos quinquenales implementados en 1962 se concentró en el desarrollo de la manufactura orientada en la exportación y en la sustitución de la importación. Las ayudas económicas, especialmente de las super potencias como Estados Unidos y Japón, han sido vitales en el crecimiento económico del país, el cual en el salto de una sola generación creció de ser una de las naciones más pobres del mundo a lo que es hoy, un poder industrial mayor.

Siendo uno de los Cuatro Dragones del Este Asiático – junto a rivales como Taiwán, Singapur y Hong Kong- Corea del Sur ha alcanzado un record increíble de expansión durante su relativamente corto tiempo en el campo de juego del comercio internacional. Tres décadas atrás, su PDB per cápita era comparado con los países más pobres de África y Asia. Hoy (2004), su PDB per cápita es siete veces el de India, trece veces el de Corea del Norte y ya está cerca de los rangos bajos de la Unión Europea[12].

---

12. United States Central Intelligent Agency, op.cit.

Este éxito a finales de los ochenta se alcanzó debido a un sistema de relaciones cercanas entre el gobierno y los negocios, incluyendo crédito diseccionado, restricciones de importación, patrocinio de industrias específicas, y una mano de obra fuerte.

El gobierno promovió la importación de materia prima y tecnología a costa de bienes consumibles y ahorros promovidos e inversión sobre consumo. Dentro de este régimen del desarrollo, los grupos de negocios surcoreanos crecieron y se hicieron multinacionales, pero también hubo una tendencia en la que cada grupo grande copió lo que los otros hacían y el impulso del crecimiento a costa de rentabilidad y hojas de balance.

A mediados de los noventa, mientras otros negocios eran grandes, éstos tenían considerables duplicaciones en sus mezclas de producción (p.e., la mayoría de grupos estaban en la manufacturación de automóviles) y una creciente amenaza de exceso de capacidad que requería más y más volumen de exportación para que las fábricas estuvieran ocupadas.

Mientras tanto, el promedio de vida crecía rápidamente; una clase media próspera emergía con rapidez y como resultado, el gasto en bienes de consumo, incluyendo importaciones de otros países, también crecía con rapidez. De hecho, a mediados de los noventa, la economía ya dependiente de las exportaciones estaba sufriendo un déficit de movimiento de mercancía y en 1996, el déficit actual de cuentas había volado a más de 23 mil millones de dólares, o 4.5 por ciento del PDB de Corea.

La crisis financiera de Asia de 1997-1998 expuso una debilidad de hace mucho tiempo en el modelo de desarrollo de Corea del Sur, incluyendo las altas tasas de deudas equitativas corporativas, masivos prestamos al extranjero, y un sector financiero indisciplinado en el que el préstamo deliberado soportaba una expansión industrial precipitada sin importar la rentabilidad.

Mientras que Corea del Sur se veía afectada por la disminución económica global del 2001, capeó el temporal mucho mejor que otros tantos de sus vecinos de medianas economías orientados a la exportación, quienes inevitablemente sufrieron recesiones cuando la economía de Estados Unidos redujo su marcha. Mientras tanto, el GDP de Corea creció en 3.0 por ciento. Y en el 2002, a pesar de una estancada economía global, Corea del Sur creció fuertemente a un 6.1 por ciento, uno de los mejores logros de cualquier país en la Organización para le Cooperación Económica y el Desarrollo (OECD por sus siglas en inglés).

Ahora ustedes pueden ver por qué un país como Corea tiene su propio capitulo en este libro.

"¿Comer el perro o no comerlo?"

¡Esa es la cuestión!

Hablando personalmente, he descubierto que los coreanos valoran a los foráneos en dos áreas distintas: (a) si han ido o no a Corea anteriormente, y (b) si tienen contactos. Entre más conexiones se tengan, se será más aceptado por parte del típico empresario coreano. Incluso cuando de contactos se trata, lo coreanos también tienen una perspectiva diferente. Mientras lo occidentales valoran más los contactos financieros que los académicos o personales, algunas de las conexiones más importantes, según los coreanos, incluyen el dar clases en una universidad coreana, el haber estudiado en una universidad coreana, y/o tener un familiar de sangre o un matrimonio.

Por ende, para la mayoría de nosotros, la experiencia es el oficio que debemos desarrollar si queremos competir efectivamente con nuestros colegas coreanos. Si uno no está en la mejor categoría y se está sólo comenzando a obtener experiencia, no se debe esperar un gran éxito con la primera o segunda visita. De todas maneras, no dejen que eso se interponga en el intento. No se podrá avanzar mucho, pero el sólo hecho de poner un pie en el umbral de esta puerta de oportunidades vale la pena ganando experiencia para la próxima visita.

Como lo he dicho, los coreanos quieren hacer negocios con nosotros. Al mismo tiempo, no van a entregarlo todo sin unas pruebas preliminares. Me di cuenta de que, como parte de ese proceso de aprendizaje, los coreanos tradicionalmente medirán el compromiso que los extranjeros pueden o no tener hacia Corea por medio de una variedad de, digamos... maneras...desafiantes.

Una de éstas es llevarlos a un restaurante de "carne de perros".

No nos pongamos pálidos con la idea de primerazo, por el contrario, consideremos el hecho de que el *Posintang* es un plato tradicional en Corea y es conocido por sus características saludables.

Yo enfrenté este reto en los años ochenta. Aquí es donde la crianza de cada quien puede ser o no de ayuda. Por fortuna, yo fui criado en una granja al centro de Oregon donde nosotros, como la mayoría de granjeros, criábamos lo que comíamos. Desde pequeños se nos enseñó en la granja a comer lo que se nos daba sin poner problemas, fuera un plato de hígado de becerro, perro de pradera o serpiente cascabel.

Todo esto me permitió disfrutar la comida como fue preparada aquella fatídica noche en la que disfrute por primera vez la tradicional comida coreana conocida como *Posintang.* Debe notarse que ocasionalmente los coreanos comprenden la gracia en torno al *Posintang*, particularmente cuando están divirtiendo a los occidentales que lo prueban por primera vez, sin embargo suelen tomarlo muy seriamente.

En los capítulos anteriores he hablado sobre el concepto del "a donde fueres". Ninguna situación es más importante en Corea que la de la mesa. Bostezar, girar los ojos, hacerse el lleno, negar una oferta del anfitrión, o respingar la nariz mientras se prepara la cena son actitudes que definitivamente dañarán un trato posiblemente provechoso.

Las recompensas de disfrutar tal manjar pueden ser abundantes; debo decir que una vez mis anfitriones coreanos me observaron disfrutando del plato y tomando el *soju* que me ofrecieron, me declararon inmediatamente como un coreano en mi vida anterior, que obviamente todavía continuaba en mi espíritu.

El mundo exterior no era tan comprensivo como yo era, o, así parecía, cuando se trataba de los saludables beneficios del *Posintang*. Como podrán acordarse, 1998 fue el año de las Olimpiadas de Verano en Corea del Sur. Muchos defensores de los derechos de los animales (que venían de todas partes del mundo) hicieron tal alborto sobre el hecho de comer perro que el gobierno ordenó "clausurar" todos los restaurantes coreanos que servían dichos manjares. Utilizo comillas alrededor del término porque lo que en realidad ocurrió fue que los restaurantes no fueron clausurados; en vez de esto, simplemente cambiaron sus letreros.

Durante este corto periodo de tiempo estuve visitando Seúl, y una noche fui a mi restaurante preferido de *Posintang* con otros cinco coreanos de la fábrica que visitaba en esos momentos.

Como muchos países asiáticos, Corea es conocida por su vasta población y apretadas condiciones, así que el ruido y las muchedumbres y congestiones ya eran una costumbre vieja para mí. Ya estaba acostumbrado también a ser aceptado por los locales, pero las Olimpiadas y los ojos del mundo habían cambiado todo eso, por lo menos durante la memorable noche en la búsqueda del *Posintang.*

Acercándome al restaurante, noté aquel típico griterío y carcajadas de los cincuenta clientes usuales del lugar. Siempre ha sido todo un evento el discutir sobre negocios con los coreanos, como lo es en cualquier restaurante, bar o sitio de encuentros donde se está rodeado de un ambiente ruidoso, familiar, bullicioso, y clientes muy vocales; este evento no parecía diferente del resto.

Una vez dentro del restaurante que estaba a todo volumen, repentinamente pareció muy silencioso. Quedé aturdido. Todas las miradas cayeron sobre mí, el único occidental en el lugar. Hasta los meseros se quedaron quietos. Nunca me había sentido tan obvio o fuera de lugar en mi vida. Custodiado por los cinco coreanos logramos sentarnos en la única mesa disponible, y fue sólo hasta que me paré para hacer un brindis con soja en honor a mis queridos coreanos que el ruido volvió a sus habituales niveles ensordecedores. (Nunca tal orgía de sonido había sido música para mis oídos.)

Una vez comencé a comer el *Posintang,* otros coreanos entraron en el ambiente festivo, y ya cuando dejamos el lugar (unas tres ensordecedoras horas después), nuestros ojos estaban borrosos por el *soju* y mi humilde grupo de amigos había crecido de cinco a cincuenta.

La moraleja de esta historia no es comer carne de perro a la fuerza cuando uno está en contra de ello políticamente, físicamente, socialmente, moralmente, o simplemente digestivamente. La moraleja es nunca olvidar que uno es un huésped en una tierra extranjera y que los foráneos tienen costumbres, rituales e incluso platos que deben ser respetados.

Siendo un empresario extranjero, si se es sujeto de este examen, se debe ser supremamente diplomático al restringirse de comer carne de perro. La mejor manera de salvar la incómoda situación es simplemente pedir perdón (sin dejar de sonreír) y explicar con mucho respeto, si es necesario, que hacerlo está en contra de sus creencias religiosas. Siendo ellos mismos muy espirituales, sus anfitriones coreanos quizás no sigan otras creencias, pero por lo menos serán respetuosos y comprensivos.

El viejo baile y la vieja canción, o:

Bebiendo y bailando hacia el trato de negocios

¿Han oído de la necesidad de cantar para comer? Bueno, creo que ese es un dogma coreano que de alguna manera se refundió en la traducción. Siendo una persona de negocios en Corea, se les presentarán retos de participar en otra costumbre local, *norae* (cantar). De hecho, esto no es para nada novedoso; el canto a solas en Corea tiene sus raíces en el año 1.000 antes de Cristo. Era corriente que las tribus locales se sentaran entorno al fuego y cantaran ante las tribus que estaban de visita. Obviamente, esto fue mucho antes de que los japoneses introdujeran el karaoke en los años setenta.

En los años ochenta el karaoke se tomó gran parte del mundo. Incluso los occidentales están entrando hoy al ritmo de cantar solos frente a un atestado público, aunque todavía falta para que se haga parte de la mayoría de comidas de los negocios occidentales. La palabra japonesa *karaoke* de hecho significa "orquesta vacía". Este término es hasta nostálgico refiriéndose a alguien como yo tratando de sostener un ritmo (de hecho se refiere a los cantantes que interpretan o que graban música y no a los músicos que tocan en vivo, pero es difícil no tomarse el término personalmente con una voz como la mía).

Para un coreano, los bares para cantar y tomar en los que ellos prefieren hacer negocios proveen una poderosa experiencia donde se crean lazos afectivos necesarios para las relaciones cercanas, sean personales o profesionales. Los coreanos consideran este método de construcción de relaciones como uno muy importante para el empresario, así que si ya decidieron no comer *Posintang*, por lo menos deberán acceder a comer algo de cuervo y tomar el micrófono si quieren evitar dos puntos negativos en vez de uno.

Puede parecer desalentador, pero hay maneras de acolchonar el golpe cuando se está muy nervioso, o poco calificado, al cantar en un escenario. Por ejemplo, si no pueden sostener una melodía, incite a sus amigos coreanos a que los acompañen en el escenario. Lejos de sentirse ofendidos, ellos estarán felices al cantar en grupo.

El cantar y el beber son igual de importantes para las relaciones requeridas por el típico negociante coreano. La manera en que uno se comporte durante estas situaciones es importante para tener éxito. Se puede tomar con moderación. Sin embargo, habrá muchos brindis y conversaciones que girarán en torno al negocio (un brindis para felicitar) y entorno al futuro (un brindis por nuestra prolongada prosperidad) y entorno a su presencia en Corea (ya entienden como es la situación).

Así que olvídense de las tablas y los gráficos en los que duraron horas trabajando; guardar el ingenio y su propia agudeza serán en ocasiones los aspectos más retadores de un típico almuerzo o comida coreana de negocios.

Recibí experiencia de primera mano con este pasatiempo coreano en particular al final de los años ochenta. Un amigo mío trabajaba para una empresa que andaba en busca de productos para importar a Estados Unidos. Durante una de mis muchas visitas a Corea, este amigo decidió unirse a mi viaje y compartir las experiencias.

A menudo, intentamos coordinar viajes juntos, pero no siempre salieron adelante. Normalmente, viajaríamos solos y en viajes largos, a menos que fuera más efectivo seguir la misma ruta. Al viajar juntos compartíamos información y nos dábamos tiempo el uno al otro para hacer lluvia de ideas con algún otro occidental. Así se demostró una gran manera de asegurar que nuestras visitas fueran altamente efectivas, y esas dos semanas se sintieron como si estuviéramos a la vuelta de la casa de cada uno.

Este viaje en particular sería un final cerrado a nuestra relación, pero una gran lección también sobre qué hacer y qué no hacer durante una sesión coreana de bebida y negocios.

Primero déjenme darles un poco de contexto sobre el hábito coreano de beber y hacer negocios. Históricamente, el beber en Corea comenzó como un ritual religioso. Luego durante la formación del Confucionismo (influencia directa de China), el rol de la mujer se volvió completamente sumiso ante el hombre, y el hecho de que las mujeres tomaran se prohibió estrictamente. Por ende, el beber se convirtió en una actividad exclusiva para los hombres. Creo que existía un método para su locura. La razón para que las sesiones exclusivamente masculinas de bebida fueran tan populares era que los hombres ahora podían ignorar (o al menos evitar) el comportamiento formal que tenían que demostrar cuando las mujeres estaban presentes pudiendo actuar más normales. (¡Hablando de soltarse el pelo!)

Cuando la modernización llegó por fin a Corea –junto a hordas de comerciantes-, el beber fue quizá inevitablemente incorporado a los métodos de negocios como una parte importante de la formación de relaciones. Esto incluía construcción de relaciones dentro de la compañía (empleado a empleado) y también construcción de relaciones con otros negocios (presidente a presidente). Entonces, el hábito de hacer negocios bebiendo se volvió un elemento integrado a la sociedad coreana.

Esto sirve de varias maneras. Al tomar, los coreanos pueden quejarse en voz alta, ser informales, e incluso gritarle a sus superiores. (¡Tan sólo traten de hacer *eso* el año que viene en el evento social de helados en la IBM!) Esto puede ser un ritual de creación de lazos afectivos para los negociantes coreanos. En un ambiente normal, la cultura coreana no permite tal intimidad o franqueza.

Ahora les puede ser más explicable el por qué un extranjero debe tomarse con seriedad las salidas a beber del negocio coreano. Aunque beber socialmente y profesionalmente puede ser considerado benéfico para el mismo propósito, es el hecho de salir a beber en los negocios del coreano que tiene un mayor grado de importancia con el empresario.

Y por ende debe serlo para ustedes también.

Teniendo esto en mente, vuelvo a la historia. Concluía mi visita en una de las fábricas coreanas que representó cerca del 30 por ciento de mi negocio en ese entonces. Acabábamos de completar un proceso muy exitoso de negociación que eventualmente llevaría al crecimiento substancial de ambos.

Para celebrar y cerrar el trato, cinco de mis amigos coreanos y yo salimos en busca de una noche tradicional de bebidas y cantos, al estilo de los negocios y costumbres sociales coreanos. Mi amigo acababa de terminar su visita temprano y esperaba pacientemente para que yo terminara la mía, ya que viajaríamos a Taipei juntos al día siguiente. Naturalmente, invité a mi amigo a la noche de bebidas y canciones en celebración de mi éxito.

La noche comenzó en un bar local conocido como Norae Bang (salón de cantos). Durante el día la mayoría de empresarios coreanos son muy serios y extremadamente enfocados hacia el trabajo. A muchos no se les da la levedad o tolerancia de un comportamiento frívolo en sus lugares de trabajo. Detrás de esas caras de formalidad y ambición obsesiva, sin embargo, hay unas personas que aman divertirse queriendo salir a jugar. Como lo he visto en años recientes, ellos sí que lo saben hacer en el Norae Bang o Kiaseng (cabaret lleno de anfitrionas).

A diferencia del típico bar karaoke occidental, que está lleno de participación de la audiencia y no tiene muchos momentos privados, los Noare Bang y los Kiaseng tienen cuartos privados atendidos por bellas jovencitas que sirven comidas y bebidas exóticas y además dan compañía al cantante solitario. No hay nada provocativo en el establecimiento; éstos no son cuartos color champaña tipificados por los clubes masculinos de los Estados Unidos, por el contrario, estos cuartos privados sirven toda clase de bebidas y comidas y proveen un ambiente seguro, casual y libre de estrés en el que el comerciante local puede divertirse.

Aquí nos encontramos mi amigo, cinco coreanos y yo en un cuarto hecho para la mitad de personas que estábamos. Este Kiaseng no se encontraba en la zona más prominente de la ciudad, y con seguridad no es el lugar que uno le recomienda a la mamá si estuviera interesada en llevar a sus amigas de la iglesia a Corea. Todos fumaban y las bebidas no paraban. Las anfitrionas se rotaban constantemente para asegurar que el consumo del *soju* estuviera en un nivel que asegurara la máxima rentabilidad para la semana entrante.

Era justo celebrar, no sólo por los que hicimos las negociaciones tan positivas, sino, al parecer, por todos (incluyendo al dueño del Kiaseng). Con inocencia, mi amigo comenzó a tomar *soju* para unirse a la celebración.

Hay muchos tipos de *soju* en Corea y el que yo tomo en particular se encuentra comúnmente en las áreas rústicas de Corea. Usualmente tomo dos tragos para amortiguar el sabor antes de poder brindar con un compañero coreano. Una vez se comienza a beber este popular trago local, es altamente recomendable no tomar nada más. (Al igual que la mezcla del tequila con el vodka).

A lo largo de la noche mi amigo comenzó, con el estímulo vulgar y entusiasta de nuestros anfitriones, a mezclar *soju* con licor americano. Cuando terminó la noche busqué a mi amigo, quien ya no se encontraba a la vista. Luego de preguntar varias veces me indicaron un baño comunal local.

Esta historia hubiera terminado de una manera muy diferente si hubiéramos estado en Estados Unidos. Pero parafraseando a Judy Garland, seguro que ya no nos encontrábamos en Kansas. Para la mayoría de occidentales ver un baño coreano por primera vez es chocante y confuso al mismo tiempo. Muchos de los baños rurales consisten de un simple hueco en el piso en el que una corriente de agua mueve los desperdicios constantemente a un lugar… desconocido. Los baños que son de mejor clase pueden estar hechos de un hueco de porcelana en el piso. Sin embargo, muchos hoteles ahora están equipados con los retretes similares en diseño a los occidentales.

Desafortunadamente no estábamos en ningún hotel.

GEORGE AYUDA A INDOCTRINARME EN LA FORMA DE HACER NEGOCIOS AL ESTILO COREA

Por esto la búsqueda de mi amigo termino al verlo tirado en el piso de uno de esos baños rurales. Algunos de los usuarios de estos baños, incluyendo a mis cinco amigos coreanos que se unieron a mi búsqueda, se encontraban parados observando a un occidental curioso utilizar las instalaciones de una manera poco digna de empresario. Para no ir muy lejos, mis compañeros de negocio coreanos no estaban muy felices con mi amigo y su protocolo de negocios. (O la falta de tal). Como leímos anteriormente, es importante acordarse de que muchos coreanos examinan a los extranjeros. Lo hacen tanto con el canto como con la bebida.

También es importante entender las señales que les enviamos a nuestros compañeros coreanos al igual que desarrollar la habilidad de recibirlas también. Muchos coreanos con lo que he desarrollado este tipo de amistad afirman que los extranjeros nunca los comprenden. Creo que si escuchamos más y tomamos menos podemos comprenderlos mucho mejor.

Tras esa noche fatídica, mi amigo estuvo enfermo durante dos días. Hasta el día de hoy, la palabra *soju* lo enferma física y visiblemente. Claro, aunque seguimos siendo cercanos, él ya no viaja conmigo.

Norte, Sur, Este, Oeste:

La apretada jugada *global*

La relación de Corea del Sur con Corea del norte ha sido una de las problemáticas políticas clave que dominaron el siglo pasado. En 1992, se firmó un acuerdo que estipuló agresión nula, reconciliación e intercambios entre las dos Coreas. Mientras tanto, la empobrecida Corea del Norte ha recibido ayudas humanitarias por parte de Corea del Sur, a pesar de las hostilidades prevalecientes entre las dos naciones.[13]

Los aspectos cruciales del acuerdo incluyen la reunificación de familias que han sido separadas por el destino político de la península y más espacios de reconciliación como la cooperación, un clima de cordialidad y la posibilidad a largo plazo de reunificación. Se esperaba que esta clase de compromisos sustanciales pudieran llevarse a cabo al separar los negocios de la política y al enfatizar en los ideales compartidos en el acuerdo de 1992.

A principios del 2000, el mundo vio que las dos Coreas tomaron un gran paso hacia el deseado objetivo del rencuentro. Las dos Coreas anunciaron en abril que en Pyongyang se realizaría una cumbre entre los líderes más fuertes de ambas Coreas. La política de compromiso Rayo de Sol del presidente de Corea del Sur, Kim Dae-jung, con Corea del Norte había contribuido significativamente al acuerdo mutuo de realizar la cumbre. Reformas económicas y reconciliación con Corea del Norte fueron las dos políticas claves del gobierno de Kim.

Una de las tecnologías primarias que disolverá las disputas entre los países y que se ha vuelto de gran provecho para el gerente global es la televisión satelital. Creo que este es el comienzo de la muerte de la distancia. Comenzó en los años ochenta y se aceleró al entrar en el siglo XXI, la televisión satelital ha ayudado, y continuará haciéndolo, a satisfacer la necesidad de teleconferencias entre países.

Los especialistas en emisiones están discutiendo si este modelo es un lenguaje en común que prevalecerá y todas las diferencias políticas comenzarán a disminuirse. No creo que la emisión de televisión sea, por si sola, la redentora de futuros conflictos políticos. Sin embargo, ciertamente sí asistirá en exponer al comerciante a otras culturas y acelerará las teleconferencias a un punto en que la distancia dejará de ser una excusa para retrasar reuniones o las resoluciones que quizás eventualmente salgan de dichos encuentros.

La popularización del fax a comienzos de los ochenta significó una bendición en comunicaciones para el pequeño empresario. Ya no sería necesario que los receptores extranjeros tradujeran textos vomitados por el viejo teletipo. Hoy el fax permite

13. United States Central Intelligent Agency, op. cit.

compartir símbolos, dibujos y formas visuales de expresión que cruzaron la barrera del lenguaje y expandieron nuestros horizontes globales.

Este fue verdaderamente el nacimiento de la globalización práctica, y sus ramificaciones para el futuro de hacer negocios en el extranjero están expandiéndose a lo largo del mundo. Las teleconferencias, o el nacimiento de video en vivo por Internet, serán un salto más hacia el próximo siglo de la globalización. Las reuniones pueden (y algún día lo serán) ser comunes a través de las fronteras culturales, así tomen lugar en el cuarto de al lado o a miles de millas. Ya se está experimentando con programas de traducción en vivo que también se están usando en algunas áreas aisladas. Una vez este tipo de tecnologías estén disponibles para los profesionales pequeños como ustedes y yo, grandes avances ocurrirán para las empresas globales.

Esta tecnología, sin embargo, traerá también otras oportunidades al gerente global. Las razones por las que las empresas y los mercados se diferencian no deberían ser estudiadas en una dimensión, pero sí en múltiples dimensiones. Ya no hay una respuesta única a los mercados multiculturales; ni tampoco hay un sólo estilo apropiado para la gerencia global. De hecho, cualquier libro publicado antes del 2000 que esté basado en la opinión (contrario a las estadísticas) debe ser reescrito, actualizado y republicado en unos cortos años.

Así de rápido están acelerando las tecnologías de comunicación.

El punto de la discusión es informarle al lector que los coreanos están al tanto de este hecho. El ingles se está dictando en todos los niveles escolares. La transmisión satelital enfatiza que los idiomas diversos están tan cerca como el botón de cambio de canal en el control remoto. Esto nos muestra la necesidad de un lenguaje en común dentro del espacio de las empresas globales.

Cuando estaba en Corea, mi buen amigo (el profesor de universidad en Seúl) comentó sobre Walmart. Una de las decisiones que mantuvo exitosos a los de Wal-Mart, particularmente mientras se expandían hacia territorios globales donde los costos de viajes pueden ser prohibitivos, fue que mantuvieron sus costos bajos, no sólo en sus tiendas, sino detrás de bambalinas también, desde el envío y la distribución hasta las cuentas de costos de los empleados. Exigieron que los costos de los viajes se administraran cuidadosamente. Incluso los ejecutivos compartían cuartos con otros empleados en sus viajes y caminaban en vez de tomar taxi.

Mi amigo el profesor pensó que reducir los costos de los viajes impulsaba el deseo de hacer teleconferencias más que antes. Si las transmisiones de televisión nos hicieron dar cuenta de las barreras lingüísticas, también nos mostraron la disminución de las distancias globales. Igual que el viajar permitió comunicarnos unos con otros en el pasado, las tecnologías modernas pronto nos dejarán comunicar a través de este puente que no cesa de encogerse.

Los coreanos también están considerando la avenida de menos diferencias. La empresa exitosa coreana ahora está apuntándole al lugar del medio en el que las barreras culturales entre los países no son ni tan grandes como para aislarlos efectivamente ni tan insignificantes que no les permite expandirse. Bajo esta consideración, Corea del Norte es un gran mercado en potencia para Corea del Sur.

El viaje en tren de la lealtad:

"Songshilhan"

Hasta el momento ya saben de varias de mis historias de viaje, y espero que hayan aprendido de ellas. Sé, por mi parte, que lo he hecho con seguridad. Mientras muchos de mis viajes al exterior me han permitido algunos paseos de placer, es raro no aprender algo más del país que estoy visitando justo en los lugares donde disfruto de una vacación.

En concreto: una vez estuve en Seúl haciendo negocios durante un fin de semana y quise visitar el resto del país y algunos sitios de interés en mi tiempo libre. Mi amigo coreano me invitó a acompañarlo junto con su novia en un paseo de 4 horas en tren hacia la parte sur de Corea para visitar un templo de esa región. Yo estaba bastante emocionado con esta invitación, no sólo por la oportunidad de explorar sino también porque mi relación personal con un importante empresario estaba creciendo.

El sistema de trenes de Corea está muy bien organizado y se encuentra en muy buen estado, organizado por colores según la clase del tiquete. Pronto nos encontramos en ruta hacia la punta sureña de Corea. Al atravesar los bellos y fértiles terrenos de granjas y diversos pueblos, el escenario demostró valer la pena del precio de admisión. Para alguien recién salido del encierro de altas apuestas y bares karaoke durante buena parte de mi visita, este nuevo panorama fue tan emocionante como lo fue hermoso.

La llegada del tren ocurrió bajo un precioso clima y el templo, de hecho, se encontraba en medio de una celebración histórica y vibrante en honor de un antiguo general. Lo interesante de esta figura histórica fue su exigencia de lealtad dentro de sus tropas.

En la sociedad coreana es una en la que las relaciones personales definen y controlan virtualmente todos los comportamientos. La lealtad se convierte en uno de los pilares primordiales de cada aspecto de la vida coreana. Esto, claro está, es un poco peligroso ya que se encuentra regulado por emociones y no principios.

Luego de un día entero en este templo, mi anfitrión y su encantadora novia me guiaron de vuelta al tren sólo para alcanzar al último tren del día. Estaba tan lleno que la gente se colgaba de las ventanas y puertas y de cualquier barra que pudieran agarrar. Para alguien acostumbrado al modo de transporte público occidental, y no tan habituado a como lo estaba cuando el negocio era pobre, fue sorprendente ver este espectáculo de hombre y máquina.

En este tiempo en Corea no había servicio de taxis que viajaran desde un extremo del país hasta el otro. Por ende, nos vimos obligados a tomar un taxi de pueblo en pueblo, pagar rápidamente y desembarcarse y luego pedir otro, continuando así con la misma rutina una y otra vez. El regreso a casa nos tomó más de doce horas.

Todo no fue en vano, sin embargo. Durante esta maratón en taxi mi amigo me explicó la importancia de la lealtad para el empresario coreano. En la Corea premodernista, la lealtad (llamada *sonshilhan*) se enfocaba en la familia de uno o comparada con los inferiores que obedecen a sus superiores sin preguntar nada (por ende, la visita sugerida al templo del general, que obviamente había sido ofrecida por mi contacto de negocios para ilustrar la importancia de la lealtad entre dos compañías).

La lealtad en Corea hoy por hoy sigue siendo más orientada hacia la gente pero ha hecho también una transición a ser una lealtad hacia, y entre, compañías. En las compañías y otros lugares de empleo, los individuos coreanos se apegan a los administradores de cargos altos que tienen poder o que están claramente en el ascensor del avance. Al demostrar lealtad absoluta a estos administradores, los trabajadores se hacen indispensables, y por ende, son inevitablemente arrastrados por la persona que avanza en los rangos de la compañía. Este tipo de lealtad obtuvo prioridad por encima del talento en bruto hasta el final de los años ochenta y comienzos de los noventa.

Hoy la lealtad personal sigue siendo una característica supremamente importante en Corea. De hecho, una vez la empresa comienza a hacer negocios con otra empresa, la lealtad se vuelve todavía más importante. Una vez se comienza a hacer negocios es muy difícil romper ese tipo de relación. Como no suele pasar en Estados Unidos, donde la competencia se adopta, en Corea, hacer negocios con más de una compañía es un tema muy sensible y puede ser analizado como una falta de respeto (p.e., falta de lealtad) para con la otra compañía (Moran, 1996).

Los coreanos pueden enfadarse con las empresas foráneas que llegan a su país y comienzan a buscar el mejor precio, los mejores agentes, y diferentes socios y que se le acercan a diferentes empresas al mismo tiempo. Este es un punto importante para recordar, especialmente sabiendo que los occidentales suelen hacer negocios de esa manera. Por eso es importante recordar que lo que es común en casa puede ser altamente ofensivo en Corea y muchas otras culturas asiáticas que hemos analizado, así que utilicen su tiempo de viaje para recordarse que el modo de actuar occidental no siempre es el modo de actuar correcto.

Los esfuerzos simples pueden llegar lejos en la ayuda para hacer negocios con una empresa moderna coreana. Sugiero leer sobre su comida-sabores, hábitos, cultura, etc. Estos y algunos otros puntos que se deben recordar pueden ayudar mucho en la manera de encajar rápidamente y hacer negocios con mayor eficacia. He aquí algunas cosas que no se deben olvidar:

- Las apariencias son más importantes que la verdad o la honestidad. No dañen las emociones de nadie en público.
- Recuerden, hacer un amigo es más importante que cerrar un trato.
- Los coreanos tienden a ser más emocionales que lógicos. Como resultado, los procesos son usualmente más importantes que el resultado final.
- Conozcan la posición de las personas con las que hablan... revisen la tarjeta de presentación; mostrará todo lo necesario sobre su posición. Siempre háblenle a la más alta posición disponible.
- La negociación lo es todo. Los coreanos aman negociar y son buenos al hacerlo. Llevar las cosas al extremo es un arte. Apréndanlo.
- Las reuniones cara a cara son más importantes que el correo electrónico o las cartas formales.
- Los coreanos son indecisos al momento de preguntar que se les aclare algo si no los entienden. Asegúrense de ser entendidos.
- Adáptense a la cultura. (Tanto a la comida como a los modales.) Será de muy buena ayuda.
- Nunca muestren que el tiempo es un factor decisivo en sus negociaciones.
- Conozcan el modo apropiado de comunicarse con los altos mandos de mayor antigüedad[14].

Los Sí y los No culturales

Finalmente, recuerden en todo momento que ustedes son los huéspedes en Corea, y no al revés. Es fácil terminar siendo el americano feo, usualmente sin darse cuenta; así que ¡estén atentos!

Siendo occidentales, nos sentimos superiores a las culturas que visitamos (prueba de esto fue nuestra emblemática repulsión al típico retrete coreano), pero podemos aprender mucho acerca de una cultura y cómo se hacen negocios al evitar hacer el papel de jueces y simplemente oprimir "pausa" en nuestro botón americano hasta que volvamos a nuestro territorio.

---

14. KTNET, *Korean Cultura* .The Trade Automation Service, 1991.

No estoy diciendo que se evite ser uno mismo; nunca se harán negocios honestos de esa manera. Lo que quiero decir es que es mejor escuchar más que hablar, observar más que actuar, y antes de hacer cualquier cosa reflexionar si alguien con el que se hace un negocio puede ofenderse o no por algo.

Lo sé; no siempre es fácil darse cuenta si se ofende a alguien de una cultura diferente. Pero aprendan de mis errores, y memoricen las siguientes indicaciones sobre qué hacer y qué no hacer culturalmente hablando al visitar Corea. (Parafraseado de Bates, 2003, y Morrison, 1994).

Los hombres coreanos tienden a saludarse con una gentil venia, algunas veces acompañada de un apretón de manos, siempre manteniendo el contacto visual. En aras de indicar respeto por la persona a la que se saluda, uno puede apoyar el antebrazo derecho con la mano izquierda durante el apretón de manos.

Los ancianos son altamente respetados en la cultura de Corea y, como tal, se acostumbra en ambientes de grupo el saludar y hablarles a los mayores primero, tomándose el tiempo y la delicadeza con ellos antes de cambiar la atención hacia el contacto de negocios más joven.

Los viajeros deben estar al tanto de que los hombres coreanos tienen un estatus social más alto que las mujeres. Aunque las mujeres occidentales no se incluyen en estas reglas, *todos* los viajeros deben saber que existe esta diferencia cultural y no deben mostrarse ofendidos por ésto.

En Corea del Sur es inapropiado el contacto físico con los de mayor edad, con personas del sexo opuesto o con personas que no son ni buenos amigos ni familiares.

Los coreanos se restringen mucho y son muy ensimismados; los viajeros deben evitar ser ruidosos y bulliciosos cuando estén cerca de ellos. (¡Pero sólo hasta cuando se entra a un bar karaoke!).

Cuando se esté en Corea del Sur, uno debe taparse la boca al bostezar o al utilizar palillos de dientes.

De igual manera, el sonarse en público es considerado de mal gusto.

Como en muchas culturas asiáticas, el sonreír y soltar carcajadas no siempre denota alegría ni placer; reír y sonreír pueden fácilmente demostrar incomodidad. Por ejemplo, cuando un coreano típico está avergonzado puede reírse en exceso. Es necesario denotar la diferencia.

Los coreanos son muy conscientes de la dignidad y del autorrespeto. Como en otras partes del este de Asia, las apariencias constituyen una preocupación importante y delicada. Uno nunca debe avergonzar a ninguna persona, especialmente en público.

La modestia es otra prioridad en Corea. Uno no debe entrar a un hogar o a una oficina sin haber sido invitado, y no debe sentarse a menos que se le indique un lugar para hacerlo.

Al elogiar las pertenencias de alguien, uno debe tener cuidado en no ser demasiado apreciativo, dado que los buenos modales sugieren que si algo le gusta demasiado, el anfitrión está obligado en regalarlo al huésped.

Uno no debe visitar a un coreano en su casa sin antes avisar o haber recibido una invitación para hacerlo.

Al entrar al hogar, restaurante o construcción religiosa (como un templo) de un coreano se acostumbra quitarse los zapatos.

Los pies son considerados sucios y no deben tocar ni a otras personas ni otros objetos. Los hombres deben tener los pies pegados al piso durante las ocasiones formales.

Al sentarse en el piso para una cena se acostumbra que los hombres crucen las piernas al sentarse sobre un cojín.

Durante una invitación a comer, uno no debe consumir toda la comida, ya que esto indica que uno todavía tiene hambre.

En los eventos sociales de Corea del Sur, las buenas temáticas para las conversaciones incluyen el patrimonio cultural, las cometas, los deportes y la salud de la familia de la persona con la que se habla (otras preguntas sobre la familia aparte de la salud son consideradas inapropiadas).

Los temas sobre los cuales se debe evitar hablar en una reunión social son, entre otros, la política, el socialismo, el comunismo, el Japón y de la esposa del anfitrión.

Al visitar una familia coreana es apropiado llevar un regalo de frutas, café importado o té *ginseng* de calidad, chocolates o artesanías de la tierra natal de uno.

Al dar o recibir un regalo, uno debe usar siempre ambas manos. Los regalos no se abren en presencia de quien los da.

Al recibir un regalo, es costumbre dar otro de similar valor y, por ende, uno debe escoger un regalo que se ajuste a las necesidades económicas de quien lo recibirá.

Luego de una invitación a cenar en la casa de un coreano, uno debe enviarle al anfitrión una nota de agradecimiento.

En Corea del Sur la vestimenta fuera de la oficina siempre debe ser casual y práctica, mientras que los vestidos, para hombres y mujeres, son apropiados para la mayoría de los escenarios de negocios[15].

15. KTNET, op.cit.

6

Taiwán: Una parte de China que no es parte de China

Taiwán:

Una parte de China que no es parte de China

Al discutir toda esta teoría de negocios y las profecías de retos económicos es fácil olvidar que, antes que nada, lo que se estará haciendo al crecer en el exterior es visitar países foráneos.

Las palabras negras sobre papel blanco y los cómodos libros postrados encima del computador portátil preferido durante el viaje de avión son en general buenos, pero una vez se baja uno del territorio neutral de un avión, está, literalmente, en un mundo diferente. Por ejemplo, durante mis primeras visitas a Taiwán, mi primera impresión fue de asombro: congestión del tráfico, polución, bulliciosas cafeterías, motos, bicicletas, carretillas y ruido, ruido, ruido.

Y aunque en este punto ya era un conocedor del mundo, Taiwán no fue como nada que yo hubiera experimentado en el pasado. Mi primer encuentro con el tráfico en Taiwán fue como presenciar una versión en vivo de la revista *Mad.* La descripción más certera que puedo hacer de este tráfico es decir que al parecer no tiene reglas. (De hecho sí las hay; pero no se aplican).

Una de las primeras cosas que mis amigos que habían viajado me aconsejaron al enterarse de mi visita a Taiwán fue el hecho de que el peatón no tiene el derecho a la vía. Ninguno en realidad. Al caminar entre el tráfico de Taiwán, uno tiene la vida en sus propias manos. La ausencia de reguladores del tráfico ha causado un continuo movimiento de gente, motociclistas, carros y carretas que es sorprendente, confuso y extremadamente intimidante.

Nunca pensé que entre cinco y seis personas podían caber en una pequeña motocicleta, y no sólo eso, sino que también podía desplazarse exitosamente en medio de un tráfico que viaja a 60 millas por hora; a pesar de todo, ésta es una situación común en Taiwán. Incluso las personas corren en medio del veloz tráfico. Cuando el flujo se detiene por una señal, las personas no utilizan los cruces demarcados, como se hace en cualquier ciudad americana, sino que simplemente caminan la distancia más corta de un punto A al punto B y, frecuentemente, eso puede cruzarse con el paso de un camión y un carro.

He visto perros, gatos, niños y empresarios de todas las formas y tamaños empujarse unos con otros y esquivando camiones contaminantes que están al acecho de arrancar con la luz verde. Que los carros atropellaran a un peatón no era algo tan poco común a principios de los años ochenta.

Por fortuna, mucho ha cambiado en Taiwán durante los últimos veinte años. Hoy, de hecho, es muy diferente. No me malentiendan, todavía hay mucho tráfico, pero por lo menos la polución ha disminuido un poco y viajan menos personas en las motocicletas de un sólo motor (digamos que ahora son dos en vez de cinco personas). Aunque parezca sorprendente esto genera poca neurosis en las carreteras y la mayoría de conductores y peatones aceptan como normal esta congestión del tráfico.

Las normas de tránsito actualmente son más respetadas que hace veinte años, pero todavía se impactarán por el tráfico al ver por primera vez tal congestión y la falta en general de señalización de vías.

La diferencia más grande que se puede observar es el número de teléfonos celulares en las calles. Incluso frente a los estándares americanos, donde los celulares son muy comunes, en Taiwán parece que todos tienen uno y todos los utilizan (típicamente, lo hacen todos al mismo tiempo).

Sin embargo, no hay Starbucks en Taiwán. Puede sonar loco hasta mencionarlo, lo sé, pero hace veinte años era difícil incluso conseguir *cualquier* café, y mucho más uno de una de las tiendas en cadena americanas. Soy de Seattle, y por eso conozco gente que *lleva* su café adonde sea que se dirija. (Es importante recordar que hay diferencias culturales incluso dentro de nuestro propio país.)

Hasta cierto punto, yo estaría sorprendido si ustedes *no* estuvieran un poco incómodos con toda la confusión que estoy describiendo. A menos que sean de India o Los Ángeles, necesitarán un poco de tiempo para asimilar el ambiente. Por fortuna, hay unos hoteles muy buenos hoy en día entre los que se puede escoger. Hace veinte años sólo había unos pocos, y en ese entonces no podía costearme *ninguno* de esos.

Puede que las cosas hayan cambiado mucho para Taiwán y para ustedes y para mí durante los últimos veinte años, pero a menos que nos fijemos en la historia, será difícil descifrar cómo es que estas personas viven, aprenden y prosperan. Primero, una lección rápida de geografía.

¿Dónde queda Taiwán?

Entré por primera vez a Taiwán a principios de los años ochenta, y de golpe pude ver por qué ha habido tantos conflictos en su colorida historia. Mucho tiene que ver con su localización. Taiwán es una isla en forma de hoja que tiene cerca de 280 millas de largo por 60 millas de ancho, y se encuentra a unas 100 millas al este de la provincia china de Fujian[16].

Al norte (como a 1200 millas) está Japón y al sur (justo sobre el horizonte) están las Islas Filipinas. Desafortunadamente, Taiwán se encuentra en todo el centro del corredor de tifones. De mi larga estancia en Taipei, muy pocos días fueron lo que llamamos de buen clima. Francamente, el clima es generalmente miserable. Claro está, siendo de Seattle, me di cuenta rápidamente de que el clima es generalmente el mismo, excepto por la temperatura (que es casi devastadora) y por la humedad (casi como la de una sopa caliente). Sin embargo, a diferencia de Seattle, la mayoría de personas en Taiwán *sí* utilizan las sombrillas.

16. United Status Central Intelligent Agency, *The World Fact Book* (U.S. Government).

La proximidad a Hong Kong (que se encuentra a una hora de vuelo) y a otros países hace de Taiwán un lugar altamente accesible. Y ahora que ya saben donde queda Taiwán, un poco de conocimientos sobre sus 400 años de historia es un requerimiento antes de proseguir.

Antes de los años 1600

Los ocupantes originales de Taiwán descendían de los Himalayas y de la Polinesia, que inicialmente habitaron los llanos de la costa. Llamaban a su isla Pakan.

Durante la colonización posterior de los holandeses y las olas de ocupantes de China, los aborígenes se retiraron hacia las colinas y las montañas y se les conoció como montañeros. Hoy existen cerca de un cuarto de millón de ellos.

El siglo XVII

La historia moderna de la isla se remonta a 1590, cuando la primera embarcación occidental pasó cerca de la isla y un navegante holandés de un barco portugués exclamó: "¡Ilha Formosa!" (que significa "isla hermosa"), y así se convirtió en el nombre de Taiwán durante cuatro siglos.

Los documentos históricos más fidedignos sobre Taiwán se remontan unos 350 años atrás, al periodo de la ocupación holandesa, 1624-1662. Cuando la Compañía de las Indias Holandesas del Este llegó, únicamente encontró población aborigen en la isla; es decir, no había signos de una estructura administrativa del gobierno imperial chino, aunque hubiera habido expediciones imperiales durante los siglos séptimo y catorce[17].

Hagamos una pausa en este punto durante un minuto. Es importante para el extranjero recordar que Taiwán y China tienen posiciones distintas sobre la historia remota de Taiwán. Hacer negocios en ambos países me dio una visión interesante sobre su perspectiva en lo que había ocurrido durante esos primeros siglos.

De un lado, China me aseguraba que fue el poder central en Taiwán durante los siglos pasados. Taiwán, por su parte, afirma que China sólo tuvo unos cuantos y cortos años de control durante la expulsión de los japoneses.

Y ahora de vuelta a nuestra historia. En una península estrecha de la costa suroeste de la isla, los holandeses establecieron una fortaleza llamada Zeelandia, en honor a la provincia holandesa conocida como Zelanda. La península se llamaba Tayouan, que significa Bahía Terraza. Posteriormente se le llamó Taiwán, nombre que se le dio a toda la isla.

Los holandeses trajeron obreros chinos como trabajadores inmigrantes para las florecientes plantaciones de azúcar y campos de arroz. Los trabajadores venían usual-

17. United States Central Intelligent Agency, op.cit.

mente por unos años (sin familias) y luego regresaban a China. Eventualmente, muchos se asentaron y se casaron con aborígenes. Y así nació una nueva raza: los taiwaneses.

En 1662, los holandeses fueron vencidos por un pirata chino, Cheng Cheng-Kung (Koxinga), acérrimo opositor de la vieja dinastía Ming perteneciente a la reciente establecida dinastía Ching. Cheng Cheng-Kung murió poco tiempo después, y posteriormente su hijo tomó el poder. Pero en 1683 este último miembro de la Dinastía Ming fue derrotado por las tropas Ching.

Sin embargo, los nuevos emperadores manchús no pretendían extender su reinado por toda la isla. Eran personas de tierra adentro con pocos conocimientos de las islas costeras, y mucha menos habilidad en la guerra naval.

En los años siguientes, la inmigración a la isla desde las provincias costeras de China creció, pero las personas llegaron principalmente para alejarse de las guerras y hambrunas en tierra firme.

Por ende, Taiwán permaneció como un área suelta durante los siguientes 200 años. En ocasiones, los manchús intentaron extender su control sobre los habitantes revoltosos, pero en todas las ocasiones los isleños se defendieron. Hubo varios encuentros entre la población local y los oficiales enviados por China, que llevaron al bien conocido refrán de esos días: "Cada tres años una revuelta, cada cinco años una rebelión".

Debemos, sin embargo, recordar que el comercio con China durante estos tiempos podía ocurrir sólo lejos de tierra firme. Taiwán les otorgó a los comerciantes occidentales un gran lugar para embarcar. Ubicado en la mitad del corredor hacia Japón. Incluso los japoneses (antes de cerrar sus puertas al mundo) tenían puestos de comercio en Taiwán. Los españoles también estuvieron en la isla hasta que los holandeses los sacaron en 1642.

Aunque me considero un estudioso de la historia mundial, hasta yo me sorprendo con los numerosos conflictos que ocurrieron en esta isla durante ese tiempo. Hay literalmente docenas de libros escritos sobre estos tiempos y todo el mundo tiene una historia diferente que contar, y la mía prosigue ahora.

El siglo XIX

Sólo hasta 1887 las autoridades imperiales de Manchú decidieron declarar a Taiwán como una provincia de su imperio. Querían contrarrestar a los japoneses que estaban expandiendo su influencia hacia el sur.

El plan no funcionó. En 1895, los japoneses derrotaron a los manchús en la guerra sino-japonesa, y mediante el tratado de Shimonoseki China cedió Taiwán al Japón. Los japoneses celebraron con bombos y platillos la derrota y el hecho de haber obtenido la isla para siempre.

Los taiwaneses no apreciaban la idea de incorporarse al Japón, y el 25 de mayo de 1895 -con la colaboración de los desilusionados oficiales manchús- la República de Taiwán, la primera república independiente de Asia, fue finalmente establecida.

Sin embargo, unos días después, el 29 de mayo 1895, una fuerza militar japonesa de más de 12.000 soldados llegó al norte de Taiwán y comenzó a aplastar el movimiento. El 21 de octubre de 1895, las tropas imperiales japonesas ya estaban dentro de Taiwán, la capital sureña de la República de Taiwán, lo cual terminó con su corta vida.

El período japonés

La ocupación japonesa pudo haber sido dura, pero al menos los japoneses no eran corruptos. El sistema educativo fue construido al mismo nivel que el del Japón. Mientras tanto, la infraestructura de Taiwán, como los trenes, carreteras, la industria, etc., se desarrolló extensivamente. ¿El precio? Durante estos tiempos de progreso todo tenía que ser realizado en japonés.

¿Por qué? Los japoneses acababan de abrir las puertas al mundo exterior y querían que Taiwán fuera una vitrina para el resto del mundo. La infraestructura construida durante este periodo tumultuoso fue una maravillosa ganancia para el país. Sin embargo, los taiwaneses pagaron el precio cuando todo hombre y mujer tuvo que ponerse literalmente al servicio de los japoneses.

Mientras todo ésto ocurría, China tenía sus propios problemas. En 1911, el Dr. Sun Yat - sen derrocó a la Dinastía Ping y creó la República de China. Durante los siguientes trenita y tres años hubo numerosas revueltas, revoluciones, luchas, corrupción masiva y miseria en general para la gente de China.[18]

El siguiente gran evento que afectó el estatus de Taiwán fue la Segunda Guerra Mundial. Durante la guerra, en 1943, las Fuerzas Unidas realizaron la Conferencia de Cairo, y en una tarde somnolienta del sol caliente del Cairo decidieron aceptar la solicitud de Chiang Kai-shek para que Taiwán fuera "regresada a China (Nacionalista)."

Luego de la Segunda Guerra Mundial

Cuando los japoneses se rindieron, Taiwán fue oficialmente devuelta a China. Para Taiwán, sin embargo, debió haber sido un salto del sartén directo al fuego. China en ese tiempo era un desastre.

Chiang Kai-shek comenzó una ofensiva en contra de los comunistas. Debemos recordar que Chiang se hizo miembro por matrimonio de una de las más (sino la más) ricas familias del mundo (sus suegros eran los Soongs y los Kungs). La gente

---

18. Lai D., *A Referendum on Tawain's Future: No Easy Exit* .CSIS Pacific Forum, 2004.

de China vio cómo Chiang acumuló su fortuna y cómo Mao se tiraba de los pelos para derrotarlo.

La tensión terminó por explotar el 28 de febrero de 1947, cuando un pequeño incidente en Taipei dio paso a una serie de demostraciones en gran escala. El Kuomintang (KMT) quedó desconectado inicialmente pero envió tropas secretamente desde China que comenzaron a detener y ejecutar a una generación entera de líderes, estudiantes, abogados y doctores. Entre 18.000 y 28.000 personas fueron asesinadas en total, y durante el terror blanco de los años siguientes, miles de personas fueron arrestadas, encarceladas, torturadas y asesinadas por la altamente efectiva maquinaria tipo KGB del KMT, la Guarnición de Comando de Taiwán.[19]

El comienzo de la ley marcial

En 1949, Chiang Kai-shek perdió la guerra en tierra firme y escapó hacia Taiwán, donde estableció lo que quedaba de su régimen. Durante las siguientes cuatro décadas, la gente de Taiwán vivió bajo ley marcial, mientras el KMT intentaba mantener la fantasía de que todavía controlaban China totalmente y que algún día recuperarían la tierra entera. Los habitantes de China que llegaron junto a Chiang Kai-shek constituían sólo un quince por ciento de la populación de la isla, pero lograron mantenerse en el poder por encima del ochenta y cinco por ciento restante por medio de un control estricto sobre el sistema político, la policía, los militares, el sistema educacional y los medios.

¿Cuál fue el evento tan interesante que afectó los negocios futuros de Taiwán? Bueno, Chiang sabía que debía mantener a Estados Unidos como un aliado, ya que sin su protección estaría prácticamente muerto. No podía seguir enfureciendo a los locales, y su propio ejército se estaba impacientando. Desarrolló a Taiwán de un modo que resultó siendo un milagro moderno del que se sigue hablando hoy en día.

Se crearon puestos gubernamentales para absorber los militares. Se crearon escuelas, al igual que carreteras e infraestructuras de negocios que les permitieron a las personas construir su propia prosperidad. Sin embargo, no se toleraba disentir. La línea oficial del gobierno giraba entorno a Chiang como el único gobernante elegido de toda China. Punto. Fin de la historia.

Cuando se produjeron las guerras de Corea y Vietnam, Estados Unidos apoyó a Chiang debido a la proximidad de la isla con Vietnam y Asia. Eventualmente se convirtió en una importante base militar para Estados Unidos. Mientras tanto la base de la economía de Taiwán comenzó a estallar.

Durante los siguientes veinte años, de 1952 hasta 1972, el Kuomintang pudo reconstruir económicamente a Taiwán, gracias al arduo trabajo de su pueblo, a la gran infraestructura levantada por los japoneses y a la necesidad de las bases milita-

19. Ibid.

res norteamericanas. Pero en el frente diplomático perdieron terreno, y en 1971 su mundo de ensueño en el que representaban a China entera se vino abajo cuando Nixon y Kissinger se abrieron a China.

Cayó la bomba diplomática. Básicamente, Nixon y Kissinger reconocieron que Taiwán era "una parte de China", y que era "el problema de ellos"[20]. El Pronunciamiento de Shangai incluso afirmó tácitamente que si China atacaba a Taiwán no debía esperarse ninguna intervención de Estados Unidos.

El segundo golpe diplomático vino con Jimmy Carter. El presidente Carter rompió relaciones con Taiwán y las estableció con China. Estados Unidos dejó a Taiwán de lado a cambio de la conexión con China.

El Taiwán moderno (y yo)

Para 1980, al saber que había sido aislada diplomáticamente, Taiwán comenzó lo que eventualmente se convertirá en su era de la diplomacia del dólar. Este fue un periodo económico muy importante para Taiwán. Fue también el periodo en el que entré a Taiwán.

En ese entonces, la tasa de cambio era cercana a $38NT por $1USD. A principios de los ochenta, la ley marcial todavía tenía efecto, no existía ninguna oposición democrática, y era prohibido tener cualquier contacto con el continente, China como tal.

A pesar de estos tiempos turbulentos, una de mis primeras experiencias con un empresario asiático fue de hecho en Taiwán. Hice contacto por primera vez con el Sr. Chen (no es un nombre real) por medio de mi fiel máquina de télex en Estados Unidos. Me di cuenta de que el Sr. Chen era un ingeniero competente con buenos valores. Como resultado, estuve muy interesado en hacer negocios con él e hice los arreglos para encontrarnos en Taiwán.

Durante mi primera visita, quería conocer sobre sus operaciones y cultivar nuestra relación, tanto personalmente como en los negocios. Era importante desarrollar un respeto mutuo con Chen, ya que mis clientes potenciales dependerían de mí para recibir una parte de alta calidad que fuera consistente sobre el volumen, y Chen era un ingrediente importante en esa receta particular para alcanzar el éxito.

Si las primeras impresiones son de hecho todo lo importante, mi primera impresión de Taiwán no fue un buen presagio. Al bajarme del avión encontré mi primer tifón, ¡que de inmediato me sopló de vuelta al viejo terminal en Taipei!

La lluvia era muy familiar para mí, ya que construí mi hogar en el noroeste pacífico norteamericano, pero nunca había visto un aguacero de tan incontrolable violencia, acompañado de una cantidad sorprendente de humedad. No estaba se-

20. Shira, D., *2004 Business Guide to Shangai and the Yangtze River Delta* .China Briefing Media, Ltd, 2003.

guro si mi camisa empapada estaba así por la lluvia o por el sudor. (Ninguna de las dos opciones era reconfortante). Al no estar acostumbrado a este tipo de ambiente, resultaba bastante obvio que yo era un extranjero parado al lado de la terminal.

Conocí por primera vez al Sr. Chen al salir de aquel torrencial aguacero, sonriendo y brindándole mi mano mientras él me daba la bienvenida a Taiwán. (Por fortuna, él tenía una sombrilla). Mi primera impresión de Taiwán pudo haber sido inhóspita, pero mi primera impresión de Chen fue totalmente opuesta; fue el comienzo de una amistad que duraría más de veinte años. El momento fue perfecto; en 1986, el crecimiento en Taiwán estaba justo en su pico.

Fábricas de campo

El Sr. Chen no era sólo un respetado diseñador industrial en su país, sino que también poseía lo que me pareció ser un sentido innato de las necesidades del americano. Esto era importante para mí en aquel entonces, ya que era mi primer paso hacia una cultura de negocios diferente.

El Sr. Chen me colaboró más de lo necesario para que mi negocio fuera un éxito. Al final del primer día compartimos muchas ideas sobre diseños y necesidades del consumidor. Permanecimos gran parte del día en su pequeña oficina repleta de dibujos. Pilas de libros de referencia, revistas de negocios, y varias muestras de material estaban también organizadas sobre el piso. Esto sólo dejaba espacio para un asiento pequeño donde me senté preguntándome cómo sería su fábrica. El día siguiente nos fuimos manejando durante una hora fuera de Taipei hacia el lugar donde se encontraban sus "fábricas".

A la mañana siguiente, el Sr. Chen me saludo con una sonrisa mientras comenzaba nuestro paseo hacia el campo. Yo estaba seguro de encontrar unas facilidades de tamaño promedio, que me recibirían con el zumbido de equipos y la disciplina de los silenciosos trabajadores que producían partes de calidad.

Me esperaba la sorpresa de mi vida. La primera parada del día fue en un pueblo muy pequeño. Comenzamos a caminar, una vez parqueamos su carro cerca de un mercado al aire libre. Luego de unos minutos, nos encontramos frente a una puerta abierta hablándole a una joven mujer con un bebé en sus brazos. Luego de unas cuantas presentaciones, me encontré en la sala de esta mujer.

En aquel lugar, para mi sorpresa, ella utilizaba un pedazo de equipo con el que aparentemente "manufacturaba" un pedazo del producto que yo solicitaba. Ella mostró con orgullo su habilidad para producir esta parte con rapidez y precisión. Esto verdaderamente fue una revelación para mí. Era sorprendente la manera en que ella podía hacer esto con un bebé en los brazos y otro (eran gemelos) en una canasta, la cual ella mecía con los pies mientras trabajaba.

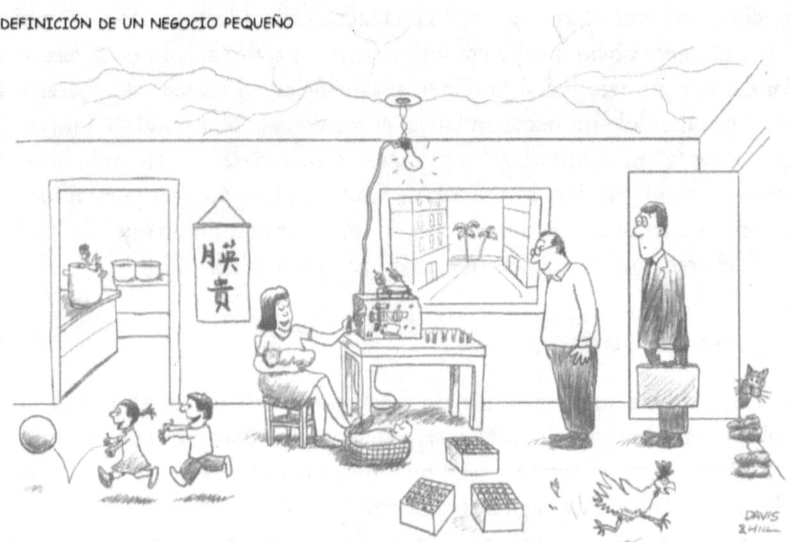

"DISCÚLPEME UN MOMENTO, EL ARROZ ESTÁ LISTO... MIENTRAS TANTO, FÍJESE EN ESTA PIEZA TAN BIEN HECHA..."

Aquí me encontraba en una sala pequeña mirando la producción de una de las 10.000 piezas que yo me había comprometido a distribuir en una semana, con la primera entrega en menos de treinta días. Durante las tres horas siguientes caminamos a ocho hogares diferentes. Cada hogar se encontraba en un paso distinto en la construcción de la pieza. Ya en el último hogar, la pieza estaba completa y cuidadosamente empacada en sus contenedores de envío.

Al final del día, pude ver todas sus "instalaciones de manufacturación" con un respeto renovado. De hecho funcionaba. Al final de la semana yo verdaderamente creía en el compromiso del Sr. Chen con su producto y con su habilidad para producirlo a tiempo. Le compré un producto al Sr. Chen, y lo que me impresionó fue su palabra.

Al paso de los años, el Sr. Chen desarrolló una fábrica entera en Taipei y disfrutó de un crecimiento moderado. En 1990 desplazó sus instalaciones a China, por ende, triplicó su capacidad, y durante los años ha tenido un éxito sorprendente. Incluso hoy sigo comprando productos del Sr. Chen, y siempre ha cumplido sus compromisos.

Nunca, sin embargo, voy a olvidar a esa joven mujer con los dos bebés. A pesar de la impresión inicial que tuve al no ver una fábrica de pisos brillantes junto a la maquinaria zumbante y filas de trabajadores dedicados, era obvio que el Sr. Chen trataba a sus trabajadores con atención y justicia. La innovación y el emprendimiento del Sr. Chen eran muy comunes en Taiwán en aquel entonces. Estas mismas personas -uno podría llamarlos pioneros según los criterios de Taiwán- se convirtieron en los líderes modernos de su país en cuanto a la innovación y la oportunidad.

Ya en 1990, la tasa de cambio era de $25NT por $1USD. Fue un crecimiento sorprendente de tasas para Taiwán y sus negocios. El gobierno fomentó las expansiones y mejoras a las fábricas. La ley marcial dejó de existir. Había partidos de oposición. Hubo una discusión abierta sobre los problemas del viejo partido. Se firmaron contratos con China. Taiwán comenzó a abrirse a China y, de igual manera, China a Taiwán. El negocio de Taiwán se expandió hacia China.

En una palabra, el negocio estaba prosperando.

En el año 2000 Taiwán había invertido más de $30 mil millones en China. El envío directo de mercancía entre ambos está hoy disponible. Teléfonos de discado directo son cosa normal. Este año se están abriendo por fin los vuelos directos. Durante un viaje reciente me emocioné al ver tantos programas de televisión de charlas y discusiones en plena calle sobre el futuro de la isla y su creciente relación con China.

Las opiniones sobre la relación entre China y Taiwán son muy variadas, claro está. Sin embargo, antes de expresar las opiniones propias en un escenario de negocios, por favor entiendan la situación en su totalidad y las políticas del individuo con el que se está conversando. En discusiones políticas, los extranjeros (usted) haría mejor en sólo escuchar y hacer preguntas educadas.

Esa es sólo una de las costumbres sociales que discutiré en la siguiente sección.

Algunas cuantas costumbres sociales en Taiwán

Al visitar Taiwán o cualquier otro país recuerde que es un visitante en tierra ajena, y no al revés. En todo momento respete sus costumbres sociales y diferencias culturales. Pueden parecer extrañas pero son parte del estilo de vida y cultura de ellos y, en mayor medida, les son útiles a ellos y pueden serle útiles a usted.

¿Recuerdan mi impresión inicial al ver la mujer joven con sus dos hijos, quien comenzaba el proceso de manufactura de mi producto? Si hubiera dejado que esa imagen no me permitiera ver el panorama completo, es decir, no ver el bosque por los árboles, o como fuere, puede que nunca hubiera hecho negocios en Taiwán, mucho menos durante tres décadas.

Particularmente, al visitar instituciones religiosas es importante ceñirse al protocolo. Respete sus deidades. En algunos casos se le solicitará quitarse los zapatos antes de entrar a un área específica. Observe lo que hacen los otros y, cuando sea posible, pregunte si no está seguro de algo. Cuando se multiplican las preguntas, el sentido común tiene la prioridad.

Estas son algunas de las costumbres más importantes que se deben conocer (parafraseadas y citadas de Bates, 2003).

Sus zapatos

En cada hogar de Taiwán en particular, al igual que en Japón, se les solicita a los huéspedes que -debería en realidad decir se les *requiere que* - se quiten los zapatos, aunque el anfitrión insista en que no es necesario (es una cortesía falsa). No hay problema en caminar descalzo; el anfitrión siempre tiene zapatillas justo al lado de la puerta listas para cuando uno se quite los zapatos.

Los taiwaneses se enorgullecen de mantener sus pisos limpios en casa y en todos lados; incluso en las fábricas del Sr. Chen un huésped debía quitarse los zapatos y colocarse las sandalias al entrar. Esta costumbre es de tal importancia porque es una demostración de respeto hacia el dueño del hogar. En el caso de la fábrica de casas del Sr. Chen, no caminé más de tres pasos desde la puerta hasta los equipos. Incluso en este caso es muy importante quitarse los zapatos, colocarse las sandalias y, sólo en ese momento, caminar dentro de la casa o, en este caso, "casa fábrica".

Su entrega de regalos

Taiwán (a diferencia de América, como lo he notado últimamente) es una sociedad de arraigadas tradiciones en cuanto a entregar regalos. Al visitar la casa de alguien para una cena, por ejemplo, se acostumbra llevar un regalo, el cual puede ser un poco de fruta, una caja de chocolates, algunos pastelillos o una botella de vino. Para grupos más grandes o parejas, se acepta un regalo compartido, y quizás algunas cosas pequeñas para los niños podrán ser suficientes para anotarse unos puntos extra. Mientras la mayoría de los regalos pequeños pueden ser comprados en Taiwán, puede ser una buena idea llevar algunos presentes pequeños desde su casa para entregarle a aquellas amistades especiales que desarrollará.

Debe notarse aquí que los taiwaneses son fanáticos de marcas famosas y de los artículos de diseñadores, y a estas alturas ya me acostumbré a detenerme siempre en el centro comercial o en las tiendas de marcas antes de un viaje al exterior, y así abastecerme de artículos de marca que son relativamente baratos aquí en Estados Unidos pero que me darán grandes recompensas en el exterior.

Uno de mis amigos de Taiwán siempre se ha impresionado gratamente con los artículos que sólo se hacen en América. Se me hacía más difícil cada año encontrar estos regalos antes de cada viaje. Ya que más cosas son hechas en China o en Corea, fue todo un reto encontrarle a mi amigo un artículo especial que fuera hecho en América. Finalmente, luego de diez años de darle regalos a esta persona, no pude encontrar nada nuevo hecho en América.

Al enterarse de ésto, me dijo, entre risas, que el "ya se había preguntado cuánto tiempo me tardaría en quedarme sin ideas." Parecía como si me hubiera estado jugando una broma durante los diez años que llevaba nuestra amistad. Con la exportación de la manufactura de Taiwán, él es quien ahora me trae los regalos a *mí*...y ahora soy yo quien me pregunto cuánto tiempo pasará hasta que *él* se quede sin ideas.

Cuando se da un regalo, la tradición ordena que se debe hacer con las dos manos y que debe ser recibido con ambas manos también (lo mismo se hace con las tarjetas de presentación y con cualquier otra cosa intercambiada en una ocasión social). El huésped normalmente no abrirá el regalo en su presencia, a menos que se le especifique que lo haga. Al abrir un regalo en presencia de un anfitrión, es importante abrir el empaque con cuidado para evitar romper y arrugar el papel. El papel de envoltura debe ser doblado y puesto a un lado, no rasgado y desechado como usualmente se hace en otras culturas (p.e., la típica mañana de Navidad occidental).

Para regalos buenos se recomienda que estén empacados meticulosamente. No es necesario preocuparse de abastecerse en casa; hay mucho papel de regalo disponible en Taiwán. Se puede encontrar, al igual que los regalos, en las tiendas Watson o en las librerías. Al dar un regalo se acostumbra también restarle su valor al decir algo como "Es sólo un pequeño presente para mostrar mi aprecio."(Así sea algo costoso o muy elaborado.)

Sus presagios

Evite hablar de accidentes y muerte; hacerlo implica que pueden ocurrir. En chino, el sonido de la palabra "cuatro" es similar a muerte, por eso los hospitales nunca ubican a ningún paciente en el piso cuarto, y a algunas personas no les gusta vivir o tener una oficina en el cuarto piso de un edificio.[21]

No es fácil escapar de los presagios asiáticos; parece que se meten en el día a día, y con mucha frecuencia, en las simples decisiones de los negocios. No hace mucho tiempo yo estaba comprando una tarjeta Sim para mi teléfono celular. Comprar el chip Sim resultó ser la parte fácil; escoger un número telefónico se convirtió rápidamente en una experiencia confusa.

Una de mis empleados taiwaneses me acompañó y duramos parados media hora en la calle revisando la larga lista de números telefónicos disponibles. Ella quería asegurarse de que el número trajera suerte. Incluso me dijo que algunas personas ni siquiera lo marcarían si fuera de mala suerte.

---

21. Bates, C., *Culture Shock! Taiwan*. Portland, Oregon, Graphic Arts Center Publishing Company, 2003.

En chino, el blanco se asocia con la muerte. Al entregar regalos, nunca utilice papel blanco para empacarlos ni sobres blancos. Los chinos usualmente dudan mucho en escribir su testamento porque indica que el que lo escribe morirá pronto. Generalmente, la muerte es un tema de discusión prohibido.

Una de las cosas que hice a comienzos de mi carrera fue obtener un nombre chino. Lo que pensé sería un proceso entretenido, de hecho fue una aventura compleja y hasta seria. Uno de los pasos sugeridos fue el contratar a un adivino especializado en nombres chinos de suerte para el extranjero de ojos anchos.

El adivino gastó medio día conmigo, siguiéndome y obteniendo todo tipo de información sobre mi vida y sobre la historia de mi familia. Luego se dedicó a su trabajo observando pergaminos, gráficos y libros y gastó un buen tiempo meditando con su deidad. Finalmente, tras mucha pompa y circunstancia, me presentó mi nombre, que hoy en día todavía utilizo.

Sin importar si usted decide o no adquirir algún día un nombre chino, las supersticiones deben tomarse con seriedad y no debe nunca burlarse o hacer chistes sobre sus adivinos o sus deseos de evitar los cuatros.

Su Guanxi

Quitarse los zapatos y dar regalos son conceptos relativamente simples de entender al compararlos con nuestra próxima consideración cultural. La palabra *Guanxi* puede traducirse aproximadamente como las “relaciones” o “conexiones” construidas al hacer y recibir favores. Aunque es muy común en el Oeste, se ha convertido en una parte integral de los tratos sociales y en una especie de ley no escrita del Este y, por ende, merece una mención aquí.

Hace falta esfuerzo para comprender realmente el *Guanxi.* Las relaciones y sus conexiones son la base de cómo muchas (y enfatizo en *muchas*) de las cosas se llevan a cabo en Taiwán. Conocer a la persona correcta puede ser la diferencia entre poner en marcha una fábrica y verla no hacer nada en absoluto. Puede ser la diferencia entre convertirse en un empresario exitoso en Taiwán o ver a otros tener éxito desde lejos.

No puedo dejar de insistir en la importancia de las relaciones y el desarrollo de su base de datos de conexiones a lo largo de Asia. Durante los últimos veinte años, las inversiones más importantes que he tenido en Asia son las relaciones que he cultivado.

Las relaciones, o *Guanx*i, están basadas en un complicado concepto de Taiwán conocido como “cara”. De hecho, *Guanxi* y *Mianzi* (fachada) son dos conceptos diferentes pero unidos. La diferencia cultural fundamental entre los chinos y los americanos se refiere al rol del individuo. Los chinos le dan gran importancia al consenso grupal y a la armonía de superficie.

Este es un concepto lejos de ser novedoso. Cientos de libros se han escrito en torno a las problemáticas de cara. He tocado algunas áreas críticas sobre cara en este libro, pero el tema debe entenderse con seriedad antes de comprometerse en negociaciones empresariales en Asia.

Habiendo dicho eso, sugiero seriamente una lectura significativa sobre dicho tema. Hay, también, toneladas de artículos y posiciones en la red. Sin embargo, como la mayoría de nosotros lo sabemos, debemos tener cuidado de todo lo que leemos en Internet, a menos que provenga de una fuente respetada. Sugiero que investigue en su universidad local y biblioteca para complementar la información recibida de Internet. (Al final de este libro he incluido algunas lecturas sugeridas que sirven para comenzar.)

El concepto de cara, o "lien" en chino, es similar a la idea occidental de prestigio. Lo contrario, que es perder cara o "dio lien" en chino, ilumina más el concepto y se traduce con mayor certeza en "vergüenza." Adjudicarle una palabra a otra persona es algo *muy* importante. No se tome esto a la ligera.

Cara es muy importante en las culturas del Este y especialmente en la sociedad china. Lo que puede parecer una simple obsesión por el materialismo a ojos del occidental es en realidad una parte integral de ganar cara. Sí, es de gran importancia manejar un carro lujoso. No es que sea simplemente bonito por sí solo, pero es una gran parte de tener buena cara.

Este tema en particular es sólo un ejemplo de cómo debemos reconocer las diferencias entre nuestras culturas para asegurarnos de que estamos comunicándonos efectivamente o, al menos, comunicándonos, que es lo que intentamos desde un principio.

Leí algo (pasando tiempo en la Red) sobre un grupo de chinos a quienes se les preguntó lo siguiente: "Si estuviera en un barco hundiéndose con su mamá, su esposa y su hijo y pudieran sólo salvar a uno de ellos, ¿a quién salvaría?" La mayoría de los americanos responderían rápidamente: "Mi hijo, claro está." Los chinos, sin embargo, respondieron: "Mi madre, porque siempre podré volverme a casar y tener otro hijo, pero nunca podré tener otra madre." Esta historia está diseñada para ilustrar las diferencias que pueden ocurrir, y de hecho ocurren, entre dos culturas.

Recuerdo a un administrador japonés preguntándole a un candidato taiwanés para un puesto laboral durante un almuerzo de trabajo si él asumiría la responsabilidad personalmente por las acciones que realiza en su trabajo. Consideré ésta como una pregunta extraña y le pregunté a mi administrador sobre esto al final de la entrevista. Siempre pensé que cada empleado es responsable de sus propias acciones.

Sí que estaba errado. Con rapidez me informó que los chinos no toleran posiciones que puedan ponerlos en una posible falta de respeto en caso de que algo salga mal. Esto es altamente inaceptable para una persona de China. Por ende, asumir la responsabilidad personal lo expone a uno a las críticas. Por esta razón, mucho cuidado al hacer entrevistas. Estoy seguro de que ésto no es fehaciente para cada persona en Taiwán, pero ilustra un punto que uno debe considerar al trabajar entre culturas: nunca se puede estar demasiado preparado.

Sus tarjetas de presentación

Durante su estadía en Taiwán siempre debe cargar sus tarjetas de presentación consigo. Con los sitios Web, teléfonos celulares y correos electrónicos, aquí en América nos hemos vuelto un poco perezosos con aquel hábito, pero al visitar Taiwán debe tener presente esto. Recuerde que al repartir sus tarjetas debe entregarlas al colega de negocios con ambas manos. Esto es una señal de respeto.

El entregar sus tarjetas de presentación es parte de la cultura cara. Encuentro que al imprimir estas tarjetas de negocios por un lado en inglés y por el otro en chino, inmediatamente ayuda a cultivar la relación futura.

Tarjetas de presentación: nunca salga de casa sin ellas.

Sus invitaciones

Durante su estadía en Taiwán puede ser invitado a un matrimonio. Si esto ocurre, se le enviará un sobre rojo, algunas veces llamado por los extranjeros la bomba roja. El sobre rojo no es sólo un gesto vacío; sin embargo, se esperará que lleve dinero a la boda.[22]

Coloque el dinero dentro del sobre rojo. El monto usual es alrededor de $600 a $1.000 en efectivo. Puede parecer impersonal, pero de hecho es un buen trato. Este regalo le brinda acceso a una fabulosa comida de diez platos durante la fiesta del matrimonio, y no se espera que lleve consigo algún otro regalo. (Hmm, me pregunto si esto serviría en los matrimonios de mi hija.)

Gente sin país

Título interesante, ¿verdad? Bueno, puede ser sorprendente. Esta sección en realidad no trata de los chinos, taiwaneses o de los coreanos. Esta sección es sobre el occidental que se rehúsa a volver a casa una vez que llega a China, Taiwán o Corea.

Es relativamente fácil dejarse envolver por una cultura diferente. Esto es verdad más que todo en personas que se casan con la cultura. Una vez casados, a diferencia de casarse en América, parece como si se hubieran casado con todos los familiares y cada ancestro del esposo o la esposa. Uno de los primeros occidentales que entra en esta categoría lo conocí durante mi primera visita a Taiwán.

---

22. C. Bates, *Culture Shock! Taiwan*. Portland, Oregon, Graphic Arts Center Publishing Company, 2003.

El Sr. Chen (¿lo recuerdan?) quería que cenara con él y un amigo suyo cercano. Quedé en irlos a buscar a su restaurante favorito, que estaba muy cerca de mi hotel (de una estrella). Inmediatamente llegué conocí a Jim, quien era obviamente un occidental. Mientras sacudía mi mano vigorosamente, Jim comentó rápidamente su historia. Cuando me senté a la mesa ya sabía que él había nacido en el sur de California, se había casado, mudado a Hawai y que tenía siete hijos.

Resulta que Jim y su esposa fueron básicamente un producto de los sesenta, o fueron hijos americanos de la flor, como eran conocidos. Cuando estalló la Guerra de Vietnam, Jim dejó a su esposa y voló hacia Australia, luego pasó a Nueva Zelanda, viajó a Singapur, y finalmente terminó en Taiwán del sur. Cuando estaba acomodándose en Taiwán terminó la guerra. Jim se casó de nuevo y comenzó su negocio de arreglo de antigüedades chinas.

La historia de Jim, aunque dramática, no es tan inusual entre los extranjeros que permanecen en países lejanos (cualesquiera sean sus razones). En el mercado de hoy, el extranjero que se queda en otro país (conocido de otra manera como un expatriado, o expat, abreviado) emplea su tiempo entre su propio país y el país donde reside. Los expat son usualmente profesionales en los negocios que entienden las necesidades para las consideraciones multiculturales, y se aseguran de regresar a su país de origen en un tiempo determinado.

Hay muchas historias similares a la de Jim. Por esa razón, es importante para el gerente internacional que administre a sus expatriados con cuidado y que se involucre más con el país escogido. (No hay cuidado, trataré a fondo este tema en mi siguiente capítulo de los expat.)

Volvamos a nuestra historia sobre Jim. La última vez que supe de él fue a finales de los ochenta. Fue descubierto tratando de enviar unas antigüedades a China, y la última imagen que tengo de Jim fue verlo correr por los andenes en Guangzhou con las autoridades detrás de él. La moraleja de la historia es respetar el país donde se está y obedecer sus leyes. Es el país de ellos y son sus reglas. Por ende, aprendan las reglas y cúmplanlas. (¡O terminen como Jim!)

La no comprensión de los métodos de negocio

A principios de los años noventa yo andaba en busca de un fabricante de bolsos. En ese tiempo eso estaba un poco fuera de mis conocimientos, ya que mi especialidad en aquellos días era los componentes electrónicos. Sin embargo, mis clientes que manufacturaban un instrumento portátil querían ofrecer un forro para sus consumidores, así que con rapidez hice de éste también un negocio mío.

Mis clientes querían la asesoría para la producción de este tipo de bolsos desde que, en ese tiempo, cerca del 30 por ciento de sus ventas estaban en Taiwán, y de aquí era de donde provenía la mayoría de peticiones para estas carteras. Por ende, para eliminar los costos de envío estaban considerando cuidadosamente contratar a manufactureras en Taiwán. Yo ya había estado proporcionando componentes para ellos por cerca de diez años y me solicitaron examinar esta posibilidad.

Este no era un caso inusual para mi compañía. Ha habido muchas veces en las que he ayudado a nuestros clientes con este tipo de solicitudes, aunque éstas no estuviesen, como lo dije, exactamente "dentro de mi bolso".

Luego de varios días de arduo trabajo, investigación y una buena cantidad de cuero de zapatos, la selección de la manufacturera se encontraba al menos entre dos compañías distintas. Una de ellas localizada en Taiwán del Sur. Por fortuna, yo había visitado previamente esta empresa un par de veces y estaba comenzando a conocer al Sr. Chou, el gerente general, de una muy buena manera. Él y su esposa me habían atendido un par de veces, e incluso se sintieron lo suficientemente cómodos para invitarme a su hogar. Me di cuenta de que el Sr. Chou era una persona muy honorable que cumplía su palabra, incluso hasta el punto de perder ganancias.

Durante mi visita concerniente al tema del bolso noté que él estaba preocupado por unos bolsos de mano que había manufacturado anteriormente. Hice preguntas sobre esta historia. Al parecer él había establecido una relación de negocios con una distribuidora de bolsos en Australia. Luego de meses de faxes y llamadas telefónicas, la presidenta de la compañía lo visitó.

La joven mujer (a quien llamaremos Sally) llegó al tiempo acordado con órdenes en mano y comenzó a negociar los términos de pago casi que de inmediato. Esto hizo que el Sr. Chou se sintiera relativamente incómodo, ya que quería un poco de tiempo para disfrutar el té que su asistente había preparado y para desarrollar una relación con este potencial cliente. Sally no tenía interés ni en el té ni en conversaciones, por el contrario, quería saber si el Sr. Chou aceptaría plazos de sesenta días. Todo esto ocurrió durante la primera hora de la visita de Sally a la fábrica. El Sr. Chou conocía que el potencial para su fábrica era inmenso. De hecho, si él hubiera creído en las cantidades de producción estimadas por Sally, su producción se hubiera duplicado. El Sr. Chou dudó, pero finalmente aceptó los términos agresivos de Sally. Aunque los pedidos iniciales fueron muy pequeños en comparación con las cantidades anuales estimadas por Sally, él quería mantener la relación y desarrollar una amistad de negocios a largo plazo. Pero sí que le esperaba una sorpresa.

El Sr. Chou, conociendo el estimativo anual de cantidades presentado por Sally, ordenó materia prima para soportar seis meses de estas cantidades estimadas. Esto le permitió al Sr. Chou comprar la materia prima en un precio que le permitiría estar nivelado en ceros durante las menores cantidades iniciales que él producía en ese momento y, luego, eventualmente obtener ganancias cuando los pedidos de Sally llegaran el estimado anual proyectado por ella.

El proveedor del Sr. Chou era un amigo suyo de mucho tiempo y sus negocios estaban basados en *Guanxi* y *Mianzi,* o el complicado concepto de Taiwán del ganar o perder cara. Era como un legado, supongo. Sus padres hacían negocios juntos mucho tiempo antes que ellos. El Sr. Chou estaba dando plazos de setenta y cinco días en este pedido para mantener el estilo agresivo de Sally.

Sesenta días después de mandar su envío a Sally, el Sr. Chou recibió un fax breve. Sally declaraba brevemente que ella quería otros treinta días antes de que lograra pagar la cuenta de cobro del Sr. Chou. Este quedó, en una palabra, destrozado.

Fue en este momento en el que llegué. El Sr. Chou me contó su historia y no podía comprender cómo una persona cambiaba su solicitud cuando ya se había hecho (lo que él pensaba) un acuerdo verbal mutuo. Obviamente, Sally todavía estaba trabajando con su propio entendimiento cultural y no tenía idea del concepto de hacer negocios en Taiwán o, para ese caso, el salvar cara.

Con certeza esto no hace de Sally una mala persona, sólo una mala decisión de carácter. En nuestro propio país, por ejemplo, tendemos a fijar los plazos como un ítem flexible, libre de ser negociado dependiendo del flujo de caja. Incluso mi propio banco me ha dado consejos acerca de cómo manejar el departamento de pagos de nuestras cuentas estirando a los proveedores, y así dándonos una mejor administración del efectivo.

Tenga cuidado, sin embargo, ya que ésta puede ser una decisión muy costosa al enfrentar la propuesta de negocios de Taiwán. Incluso *solicitar* que se haga algo como ésto puede causar la pérdida de cara y la drástica pérdida de negocios.

En el caso de Sally, ella nunca invirtió tiempo para verdaderamente comprender el *Guanxi* o el *Mianzi.* Este fue un error fatal. El Sr. Chou no podía renegociar con sus proveedores, dado que sería una pérdida de cara y, francamente, le resultaba también impensable. La percepción que tenía de Sally el Sr. Chou era que ella había perdido su cara y su honor; por ende, ya no podría confiar en ella para *cualquier* negocio. Decidió parar toda su producción, regresar la mercancía que ya había producido y marcar los bienes terminados en pérdidas.

Por su parte, Sally quedó confundida y sintió que el Sr. Chou había incumplido su contrato.

¿Lección aprendida? Lo que consideramos la práctica de un negocio normal en Estados Unidos puede no ser el mismo caso en otro país. Se debe hacer la tarea *antes* de comenzar a negociar. *Antes* de comenzar las prácticas administrativas normales, pregúntese si éste es el comportamiento apropiado en la otra cultura. Si no lo es, o si es incluso cuestionable, regrese al tablero y encuentre una oferta que pueda beneficiar a ambas partes, entendiendo las consideraciones particulares del país.

Algunas veces dar la palabra en nuestra propia cultura sólo marca como una intención. En la cultura del Sr. Chou, por el contrario, es una declaración comprometedora que no puede quebrantarse. De hecho, en el caso del Sr. Chou, he aprendido con el paso de los años que él literalmente sacrificaría su propio salario, ganancia, etc., para sostener su palabra. Sally simplemente revisó su acuerdo y envió un fax para ver si él podría ayudarle en su situación, que no había sido prevista durante el tiempo de la negociación original. Pudo parecer un error inocente en el momento, en retrospectiva, pero pronto se volvió muy grave cuando ella no consideró seriamente las diferencias culturales.

¿Qué pasó con mi ofrecimiento de bolsos de mano? Por fortuna, encontré la oportunidad de obtener material en descuento y me comprometí con el pequeño contrato que hice con el Sr. Chou para comprar el material que él adquirió de su amigo. Esta simple solución produjo de hecho dos beneficios mayores. Primero, permitió que el Sr. Chou guardara cara, y, segundo, incrementó el estatus de mi relación con él.

Por cierto, a diferencia de Sally, siempre pago mis facturas a tiempo. Antes de dar su palabra, asegúrese de *saber en verdad qué significa.*

La cultura china está basada en la vergüenza. Esto significa que el individuo busca lo que se considera como una acción correcta a menos que conlleve vergüenza hacia uno mismo o hacia la familia (o incluso su grupo social).

Consideraciones multiculturales con el pueblo de Taiwán

Durante la década de los noventa hubo una transformación en proceso a lo largo de Taiwán. La mayoría de las compañías manufactureras se movían a lo largo de las fronteras en busca de operaciones a bajo costo. Es interesante notar aquí que no es tan inusual como uno podría pensar en un principio. Considere su propio país y note un movimiento hacia la integración global. En Taiwán esto ocurrió rápidamente hacia el país más obvio: China.

Le pregunté a uno de mis proveedores, Sr. Chen, por qué ocurre ésto. Contestó: "Es relativamente fácil mientras hablemos el mismo lenguaje y tengamos la misma cultura. Es como ir a casa para visitar a los familiares distantes."

Lo que ocurrió (y que todavía continúa) es que el pueblo de Taiwán está creciendo globalmente en una proporción mucho más grande que la mayoría de otros países. Esto ocurre por muchas razones, pero encuentro una en particular muy interesante. Uno de mis amigos taiwaneses explicaba que el mercado de negocios de Taiwán ha sido siempre internacional. Muchos de sus productos se exportan, y a lo largo de los años han desarrollado un buen sentido del mercadeo internacional. Ellos no comenzaron en los noventa; ya llevan haciéndolo un buen tiempo.

Cuando monté mi primera fábrica en la China del Sur, un gran número de mis relaciones de negocios fueron con taiwaneses que ya se encontraban en China manufacturando sus productos. Fue como pensar que uno era el primero en escalar una montaña en particular sólo para darse cuenta de que alguien más ya lo había hecho. De hecho, no solamente ya lo habían hecho sino que ¡también habían construido un hotel en la cima!

Durante mi primera visita a Vietnam (ver el capítulo sobre Vietnam) no sólo conocí empresarios japoneses sino también un gran grupo de empresarios taiwaneses que llevaban años manufacturando en el Sur de Vietnam.

Históricamente, Taiwán ha sido visto como un lugar divertido, despreocupado donde era grandioso hacer negocios. Todavía sigue siendo así, pero han tomado lo que han aprendido en las últimas décadas y ahora lo aplican en otros países alrededor del mundo.

La lección importante para aprender en este capítulo es que adonde sea que se vaya a montar una fábrica en el mundo, no me sorprendería si descubre un taiwanés que ya lo hecho antes de usted. A causa de ésto, se debe entender su cultura para poder trabajar efectivamente con ellos. Conozco un empresario taiwanés que hace negocios en Rusia. Estando en Rusia, por ende, debemos tener un entendimiento de tanto las diferencias culturales rusas como las de Taiwán en aras de poder ser empresarios efectivos.

Unas palabras de aviso

(De la experiencia personal)

Como siempre, me reservo juzgar los países, la gente de éstos, donde algún día usted hará negocios. Es importante saber, sin embargo, que en China observé que los chinos no ven con mucho aprecio al gerente de Taiwán (y por buenas razones).

Compartiré una anécdota personal para explicar por qué. Dos empresarios taiwaneses operaban una de mis fábricas. Ambos tenían años de experiencia operando una fábrica en China y se volvieron clave en el montaje y las operaciones iniciales de la nueva fábrica. Lo que no supe hasta meses después, sin embargo, es que se aprovechaban de los empleados.

Nuestra fábrica producía cierta cantidad de desperdicios (no contaminantes) que vendíamos cada mes a una compañía de reciclaje. Uno de los programas que impusimos era tomar este dinero y guardarlo en un banco. Sólo debía usarse para el bienestar de los empleados. Por ejemplo, si un empleado necesitaba cuidado especial o artículos que mejorarían su bienestar (p.e. zapatos, ropa, etc.) este dinero le sería asignado desde una cuenta bancaria especial que habíamos abierto. Fue una gran idea que, desafortunadamente, no llevó a ningún lado.

Un año después de haber sido iniciado este programa me enteré de que los desechos eran vendidos pero el dinero nunca llegó al banco. La persona a cargo del programa desviaba los fondos a su propio bolsillo sin decirle a nadie. Resultó ser uno de los gerentes taiwaneses. Los comentarios generados por mi personal chino fueron, sorprendentemente, no de ira ni de desprecio. Esperaban que eso sucediera, como lo manifestó uno de ellos...

Encontré que hay desconfianza (alguna basada en hechos) entre el empleado chino y el gerente de Taiwán. Hay, también, una tensión en el sentido opuesto. Recuerde, no todas las cosas son lo que parecen.

Ciertamente no estoy afirmando que esto ocurre en todos los casos, pero lo que hay que recordar aquí es que cuando se mezclan multinacionales, usted, como su gerente, tiene un conjunto diferente de problemas que debe resolver. Ya no se aplica la vieja regla para manejar a gente de la misma cultura. Las diferencias están a veces profundamente arraigadas a viejos métodos políticos y sociales basados en antiguos sistemas de creencias. Esto, sumado a algunos prejuicios personales, puede generar serios problemas gerenciales.

El estar atento a estas diferencias le permitirá prevenir un desastre a corto y mediano plazo. Hay un viejo dicho que mi abuela solía repetir.

"Una onza de prevención vale una libra de oro." Así que haga su tarea antes de mezclar culturas. (Y guárdese esa olla de oro.)

El Futuro

Como podemos ver en éste y otros capítulos, la transición de las industrias de manufactura de alta tecnología hacia China es ciertamente la tendencia que probablemente continuará durante años.

Con los beneficios de subcontratar a bajo costo versus los costos de mantener un alto costo de manufactura en la isla, hay una fuerte posibilidad de que las industrias de Taiwán serán sólo una serie de corporaciones expatriadas. Estas corporaciones podrán estar ubicadas legalmente en Taiwán, pero en realidad serán una parte integral en la economía de China. Taiwán está entrando en una era durante la cual su economía se asemejará a una coraza de locaciones de casas matrices con la masa de sus operaciones regadas a lo largo de Asia.

Bajo esta suposición podemos prever un par de escenarios para el empresario global. El primero es que el chino puede nacionalizar las fábricas industriales de Taiwán localizadas en China. Este puede parecerle a algunos un preludio para una declaración de guerra entre ellos, pero la recientemente confesa relación con Estados Unidos provee una cerca en contra de este tipo de agresión. Además, ser dueño de una fábrica es un problema pero otro mayor es operar y mercadear su *producto*.

He visto las instalaciones del gobierno chino convertidas en industrias comerciales. Es difícil y es una evolución lenta.

El segundo resultado es mutuamente beneficioso. China y Taiwán podrían interconectarse cada vez más en sus tratos y relaciones. La eventual reunificación de Taiwán y China en términos pacíficos es, creo, un hecho posible. Claro está, queda por verse la transición que ocurrirá en realidad.

La clave para el futuro de esta relación es la transición positiva de información tecnológica entre ambos países. Si esto ocurre y los dos desarrollan una interconexión exitosa, los efectos en ambas naciones serían un punto crucial en sus economías.

Bueno, ¿y qué pasa con usted y conmigo?

Taiwán es ciertamente un país de empresarios. Su sistema de creencias culturales los lleva a convertirse en sus propios jefes. Obviamente, no todos los taiwaneses hacen ésto (no existiría ninguna corporación grande) pero hay un rasgo que es único entre los taiwaneses que se arraiga en el espíritu empresarial. Esto continúa hasta el día de hoy.

Algunas de las lecciones difíciles que aprendí a lo largo del camino al trabajar con personas de Taiwán es el entender realmente sus sistemas de creencias culturales antes de ponerlos en la difícil posición de manejar personas de otras culturas.

La otra cosa que hay que tener en cuenta que sí existe en los taiwaneses (y chinos) es el nepotismo. Básicamente, ellos no confían en nadie fuera de su unidad familiar. Estas son palabras fuertes, pero necesitan hacer impacto en el gerente en potencia. Encuentro empresa tras empresa que tienen a múltiples miembros de una familia trabajando para el padre.

Si ésta buscando personal para una compañía en Taiwán, yo consideraría seriamente la prohibición de contratar a familiares. Esta es una medida de prevención que reducirá la creencia en que el interés de las familias está antes que el de la compañía. Confíe en mí, contratar a un familiar abre camino a ciertas cosas sombrías (he estado ahí... lo he visto). Típicamente, ésto abarca desde llevar un conjunto doble de libros de contabilidad hasta robar dinero para la educación del hermano. Si se está buscando la compra de una compañía o comenzar una empresa conjunta, tenga mucho cuidado.

Yo convertiría en regla predominante el no contratar familiares y también eliminar noviazgos dentro de la oficina (que sea una política de la oficina: si un empleado se involucra con otro, uno de ellos tiene que irse). Recuerde la declaración preventiva de la abuela, y el hecho de que a pesar de tener sensibilidad a la cultura, no significa que se tiene que ser un sirviente de ella. Usted sigue siendo el consumidor; usted sigue siendo el jefe. Pise la línea de ser considerado culturalmente, pero no llegue hasta la exclusión del sentido común.

Palabras de despedida

Hay una pregunta predominante que siempre sobresale entre mis consumidores y empresarios nuevos, que siempre es la misma: "¿Cómo empiezo?"

Con las culturas basadas en China es crítico establecer una red. Esta es una palabra muy sonora en Estados Unidos, pero créame que es más importante en Asia. Sin la red de gente correcta tendrá problemas al salir de la línea de arranque, y estará mucho más lejos de tener éxito.

Tome una pista de las costumbres asiáticas; una de las áreas para comenzar es su propia familia. ¿Tienen ellos alguna conexión? Si no tienen contactos en el país que usted elige, entonces tendrá que hacerlos por sí solo. Puede ser un reto difícil, pero tendrá usted que hacerlos.

No puedo dejar de enfatizar en la importancia de hacer contactos. Una vez se hace el primer contacto, puede (y debe) ayudarle a generar los dos próximos. Una vez se hace un contacto, pregunte luego por los próximos dos a quien debería llamar (y pregunte por referencias; solicite que los llamen antes para una introducción). Al hacer ésto cada vez, crecerá esta red con rapidez.

Lo que se quiere lograr definirá el tipo de contacto que se necesitará. Algunos de los lugares para comenzar (además de los miembros de su familia, claro está) son su abogado, otros empresarios, el Departamento de Comercio de Estados Unidos, su Centro de Comercio Mundial local, las organizaciones de comercio en su estado natal y la Internet (trate de enviar correos electrónicos a algunas personas; se sorprenderá de las respuestas que va a recibir).

Asegúrese de estar en empalme con sus contactos. Esto es, escribir notas de agradecimiento, responder llamadas, aceptar -u ofrecer- invitaciones a cenar, salir a jugar golf con ellos, etc. Administrar su lista de contactos significa sacrificar tiempo de oficina para desarrollar relaciones que asegurarán las ganancias y el éxito. Sea lo que sea que haga, recuerde mis comentarios en cuanto a las relaciones; ellas son *el* elemento más importante para ser exitoso en Asia.

Hay cientos de libros disponibles para el empresario global en potencia que pueden ayudar con estos temas. Pero no tiene que buscarlos todos por sí solo, ya que he incluido algunos de mis favoritos al final de este libro.

En resumen, Taiwán es un país muy importante para comprender, y para comprender a los taiwaneses se debe desarrollar un aprecio por su cultura. Su red de personas debe incluir a alguien de la comunidad de negocios de Taiwán. Incluso si se pretende hacer negocios en Vietnam, ciertamente se enfrentará con algún asociado empresarial de Taiwán que habrá llegado primero.

7

El Expatriado- Un empleado de alto riesgo para el entrepeneur global

Expatriar o no expatriar

Esa es realmente la pregunta

Comenzar o expandir una compañía en el exterior es una operación intrínsicamente riesgosa. Por favor no deje que mi confianza en los mercados extranjeros o que los reportes entusiastas de dignatarios extranjeros lo enceguezcan respecto al hecho de que hacer negocios en el extranjero sigue siendo hacer negocios.

Y, como en todos los negocios, hay riesgos. Como lo revelan los recientes maremotos en Indonesia y Tailandia, nada es seguro con la Madre Naturaleza, sin mencionar a los gobiernos extranjeros, que tienen una forma de volverse impredeciblemente desagradables. Pero algunas veces no es ni la naturaleza ni los gobiernos en estas zonas comerciales extranjeras los que representan el riesgo más grande, sino la gente que usted contrate para elaborar, vender o distribuir cualquier producto que su compañía fabrique.

Si usted nunca antes ha escuchado el término *expat*, aunque se refiere a ellos más comúnmente como expatriados, nunca ha existido un mejor momento para comenzar. Primero vamos a definir un expatriado. En el Diccionario de la Real Academia de la Lengua encontramos la siguiente definición:

Expatriar: (De ex- y patria).1. tr. Hacer salir de la patria.2. prnl. Abandonar la patria.¶MORF. conjug. c. anunciar y c. enviar.

Ahora, no me malinterprete, no estoy condenando a todos los expatriados. En mi opinión, francamente, existe una diferencia entre un expatriado y alguien que está en una misión internacional o tarea.

Para el propósito de este capítulo en particular, una persona en una misión se definirá como "... alguien enviado a un país extranjero por un término de tiempo menor a seis meses y nunca mayor a doce meses".En otras palabras, es temporal.

La diferencia es que una persona que se encuentra en una misión internacional no necesariamente se traslada a la oficina extranjera, pero la ocupación puede ser tan corta como de unos días o tan larga como de seis meses. Un expatriado, por el contrario, traslada sus artefactos personales al país extranjero para una más larga permanencia. Un expatriado, entonces, fija su residencia en otro país. Básicamente, los expatriados viven en otro país por un período de tiempo más prolongado (más de 6 meses).

¿Qué sé yo de expatriados? De sobra, créame, pero mi primera presentación vino de la misma forma que llegará la suya: necesidad (o, en este caso, descubrimiento).

A mediados de los años noventa, el crecimiento de mi compañía se estaba expandiendo a una tasa que hacía muy evidente que si íbamos a triunfar necesitábamos un equipo gerencial diferente.

También se hizo evidente que necesitábamos expandir nuestras instalaciones en China y desarrollar nuestra propia empresa manufacturera. Naturalmente, no podía hacer todo yo mismo y no podía estar en todas partes al mismo tiempo (aunque durante esos años formativos con frecuencia me sentía como si me estuvieran halando hacia dos direcciones diferentes, ¡o por lo menos me encontraba yendo y viniendo!).

Para resolver estos asuntos de delegación y microgestión, pronto se me hizo claro que lo que realmente necesitaba era un individuo que pudiera vivir en China y supervisar la nueva fábrica *por* mí.

Esta fue una época emocionante, pero que también merecía una buena dosis de cuidado. Yo no estaba seguro de en quién confiar y sabía sin ninguna duda que la persona que contratara para esta posición tendría que inspirar absoluta confianza. De esta manera comencé a investigar sobre maneras de resolver este problema en particular, y eventualmente descubrí al expatriado. Pensé que mis problemas se habían acabado, sólo para encontrarme más tarde con que, de hecho, apenas comenzaban.

Sentí alivio al descubrir que existe una riqueza en información allá afuera acerca del tema de expatriados y la mayoría de ella está al alcance de su mano. Libros, artículos de revistas, la Internet – todo está ahí esperando para ser reunido, coleccionado, devorado.

Desafortunadamente, 99 por ciento de éstos están dedicados al romanticismo de ser un expatriado y a la explotación inherente que se deriva de ese trabajo. Fue una experiencia reveladora para un potencial empleador leer todos estos libros y artículos escritos acerca de cómo *explotar* a un empleador. De lo que pude recoger, existe una creencia de que las compañías que desean emplear a un expatriado deben pagarlo todo.

Y quiero decir *todo*: vivienda, comida, educación privada para los hijos, carro y chofer para la esposa o esposo, recreación y gastos de viaje para visitar parientes, sólo para mencionar unos cuantos. Realmente, como empleadores, directamente pagamos por todo ésto de cualquier manera. Se le llama el salario que le damos al empleado. Sin embargo, con un expatriado todo es pago adicional...y pago...y pago...y pago.

Antes de meternos en los pormenores de trabajar con un expatriado, vamos a tratar de ahorrarle a usted el tiempo y el dinero descifrando primero si necesitamos que uno de sus empleados vaya a sus fábricas extranjeras en primer lugar.

La necesidad de rapidez

Para el momento en que usted se encuentre a sí mismo luchando por determinar la psicología del expatriado, ya ha debido determinar la necesidad de alguien que ayude a gerenciar, o servir de puente, un canon cultural. Si no lo ha hecho, entonces regrese a la mesa de dibujo y empiece a decidir si *realmente* necesita a alguien.

Vamos a considerar, primero, dónde puede encontrarse a sí mismo tentado a tomar una decisión como la de contratar a un expatriado. Después de todo, ¿para qué tomar la aspirina si usted no tiene el dolor de cabeza, verdad? Estas son algunas de las razones por las que otras compañías utilizan expatriados:

1. ¿No pueden encontrar la manera de salir de ese empleado mayor? Simplemente conviértalo en un expatriado.
   a. Aunque suene extraño, algunas compañías grandes utilizan el recurso de expatriado para "poner al viejo a pastar". En algunos casos (aunque raramente en mi experiencia) ¡ésto realmente funciona!
   b. ¿Cómo recompensar *al viejo? Envíelo a uno de sus sitios más agradables.*
   c. ¿Quiere deshacerse del empleado mediocre? Envíelo a uno de sus peores sitios.
2. ¿Ese competidor lo está enloqueciendo en el país extranjero? Convierta a su gerente de ventas en un expatriado.
3. ¿No quiere viajar? ¿No puede arreglárselas con las diversidades culturales? Contrate un expatriado.

Esta lista puede seguir, como uno puede imaginarse por la variedad de razones que acabamos de explorar, pero usted tiene ya la idea básica. Por este motivo existen cantidades de expatriados allá afuera por la razón equivocada. Para evitar que usted cometa el mismo error, acordémonos de un par de cosas: (1) puede ser muy caro enviar a alguien al extranjero, y (2) la mayoría de las compañías *no* reciben de vuelta la inversión.

Esta no es sólo mi opinión; es un hecho que hay muchas más fallas que éxitos cuando se trata de un expatriado. De hecho, aquí hay un estudio, publicado en el número de marzo-abril de 1999 del *Harvard-Business Review*, realizado por algunos investigadores muy serios, quienes reunieron datos interesantes llamando a compañías y hablando con los presidentes ejecutivos y gerentes, durante un período de más de 10 de años.

Este es un breve resumen de lo que encontraron:

1. Entre el 10 y el 20 por ciento de todos los gerentes enviados al extranjero regresaron anticipadamente debido a insatisfacción o dificultades con el trabajo. (En otras palabras, "yo renuncio").

2. De aquellos que se quedaron, más del 30 por ciento no hicieron el trabajo a satisfacción de la compañía. (En otras palabras, "me botaron").
3. Otro 25 por ciento dejó la compañía y se fue a trabajar para el competidor. (En otras palabras, "ya estoy entrenado y quiero *sus* clientes").

Si tener una compañía fuera del país es una operación inherentemente riesgosa, entonces contratar un expatriado para que maneje su negocio en el extranjero *por* usted es doblemente arriesgado. Usted simplemente no puede asumir que las reglas para la operación (las que aparentemente funcionan, de todas maneras) en su propio país funcionan igual en cada país. Francamente, no es así. Peor aun, con frecuencia funcionan en sentido opuesto. De hecho, usted puede contratar a sus compatriotas para que trabajen en su fábrica (pero en un país diferente) y existe una gran posibilidad de que terminen trabajando para su competidor en unos años y apoderándose de sus viejos clientes.

Aunque el panorama que le pinto no tiende a animar a nadie a contratar a un expatriado, considere, si lo hace, esta información del mismo artículo:

> *"En la economía global actual, tener una mano de obra que domine la marcha del mundo no es un lujo, es una necesidad competitiva. Cerca del 80 por ciento de compañías medianas y grandes actualmente emplean expatriados y 45 por ciento de ellas van a AUMENTAR el número que tienen en el extranjero". (Harvard-Business Review, 1999).*

Para poder ser competitivo, entonces, usted debe pensar globalmente. Sus datos fueron tomados y recopilados en 1998-1999. Yo considero que el 80 por ciento que ellos mencionaron está ya superado y, de hecho, el porcentaje debe haber aumentado a la mitad del 90 por ciento en el 2004.

Después de conversar con algunas pequeñas compañías, me encontré con que ellos están volviendo a escribir sus planes de negocios para incorporarse al mercado global (incluyendo cómo competir con compañías similares a medio camino alrededor del mundo). Esto significa que hasta los pequeños negociantes que sólo tienen uno o dos empleados ya están desarrollando planes globales. Bienvenido al siglo veintiuno de los negocios. Si usted no está activamente pensando globalmente, es claro que perderá parte del mercado, perderá rentabilidad y perderá controles de costo si no comienza pronto.

Por ahora, regresemos a la cuestión del expatriado. (O a lo que a mi me gusta llamar la ecuación expatriado.) Los expatriados usualmente son contratados por las razones equivocadas o por razones que son obviamente infundadas. He aquí un caso.

Delegando allá abajo

Hace uno años pasé un par de días en Hong Kong al final de un largo viaje en China para descansar y reflexionar sobre sus resultados. A menudo encuentro que al tomarme un día o dos al final de un viaje puedo resumir mis notas e idear mejores tácticas de planeación para el próximo viaje. Cuando se viaja al extranjero, el bienestar material, o por lo menos la ilusión de éste, puede volverse cada vez más importante. Durante esos días siempre me quedaba en el mismo hotel, ya que me daba una sensación de hogar.

El bar del hotel era pequeño e íntimo y ocasionalmente hasta me permitía un poco de tiempo de tranquilidad para poner en orden mis pensamientos. Durante una de esas veces me encontré con un hombre de negocios australiano quien, como yo, estaba simplemente buscando el bienestar material del hogar.

Inmerso en su trago nocturno, se veía un poco distante y aparentemente estresado. Ya que él era la única otra persona en el bar, le pregunté que si le gustaría un poco de compañía por unos pocos minutos. Vacilante aceptó. Durante nuestra subsecuente discusión comencé a escuchar su historia acerca de la compañía para la que trabajaba en Sydney. Como vicepresidente de operaciones de una firma textilera de tamaño mediano, su misión (dada cinco años antes) era establecer instalaciones manufactureras en China. Dentro de los tres primeros años, estableció tres fábricas, cada una hacia una serie de productos diferentes para distribución mundial. Al final de cinco años, el presidente de la compañía estaba muy molesto con la situación financiera de las operaciones en China. Estaba perdiendo continuamente cerca de 1 millón de dólares (equivalente al dólar estadounidense).

Cada planta era operada por un expatriado australiano escogido cuidadosamente, con una experiencia mínima de 10 años en la compañía. El presidente se mostraba firme acerca de que sus propios compatriotas manejaran sus plantas. Ellos querían asegurarse de que la cultura de su compañía fuera transferida rápidamente a las fábricas. A pesar de sus pérdidas, el equipo de gerencia estaba seguro de que si ponían un gerente chino a cargo perderían la habilidad de la comunicación y, como resultado, el control. Sumado a esto, el presidente no tenía ninguna confianza en los gerentes chinos. Aunque nunca había salido de Australia.

El vicepresidente (vamos a llamarlo Sam) continuó su historia, y mientras se emocionaba con el asunto, la tomada de la cerveza se puso seria. Parecía como si cada fábrica estuviera manejada por un expatriado. Más que eso, él estimaba que el costo de cada expatriado para la compañía (incluyendo beneficios) era aproximadamente de $ 560.000.

La compañía pagaba por la educación de los niños, las esposas, sus hogares, comida, gastos de viaje y tres meses de vacaciones pagados por año. (¿Piensa que *eso* es malo? Unos años más tarde me encontraba hablando con un presidente que tiene un expatriado en Arabia Saudita. El estimaba que el costo para su compañía era ¡de más de cuatro millones de dólares americanos por tener un expatriado por más de tres años!)

Sam comenzó explicando que él quería contratar gerentes chinos tan pronto como cada compañía se volviera rentable. El y su grupo de trabajo calcularon que teniéndolo a él visitando con la misma frecuencia como en su actual programa, aseguraría que la compañía se mantuviera en línea con la producción y la calidad. Esta solución le ahorraría a la compañía más de 1.3 millones de dólares por año, de ese modo se invertiría el panorama financiero y lo tornaría beneficioso.

Desafortunadamente, el presidente de Sam y la junta directiva descartaron la sugerencia de éste y procedieron con la fórmula del expatriado. Haciendo un salto hacia adelante de cinco años, Sam de repente se encuentra a sí mismo contándome la conclusión de su triste historia; su viaje más reciente acababa de concluir con la clausura de las tres fábricas. El efecto dominó de tal decisión puede ser enorme y no sólo para la empresa matriz. Por ejemplo, esta acción en particular dejó sin trabajo a más de 2.000 empleados chinos. También obligó a su compañía a repatriar a los australianos, lo cual demandó un costo estimado de $ 150.000 por familia. Esto además redujo sus ventas globales por cerca de trece millones de dólares y dañó severamente su imagen de relaciones públicas. De hecho, el departamento de PR era ahora un cuarto vacío, ya que todos se habían ido a trabajar con el competidor, quien estaba activamente engulléndose su parte del mercado global en el inmenso vacío dejado por el cierre de las fábricas. Una compañía públicamente canjeada, las acciones bajaron 18 por ciento en la semana después de que se anunció el cierre de las plantas.

Naturalmente, el puesto de Sam estaba en riesgo ahora.

Aunque identificado con la situación de Sam, me sentía naturalmente horrorizado de cómo una persona podía aislarse por tanto tiempo con un problema aparentemente gigante. Sam explicó que el departamento de Recursos Humanos de la compañía nunca trabajó en el exterior, y aparte de él (y los tres expatriados) nadie de la compañía había trabajado nunca en otro país.

Era evidente que el presidente y su personal tenían muy poco conocimiento de los retos particulares que se deben enfrentar en una misión global. Ni los consideraban retos personales o profesionales del camino lleno de baches que seguía.

En el caso de Sam, se atascaron en la administración de mando medio y en temores de presidencia en vez de capturar oportunidades estratégicas. No hubo un desarrollo de liderazgo global, no tenían habilidades interculturales, y se sobreextendieron con los expatriados.

No hay duda de que fue una buena idea de esta compañía considerar la fabricación en China. Esto les facilitó un mercado extendido (vendían su producto en China, Corea, Hong Kong y Vietnam) y aseguraron una mayor rentabilidad (logrando el punto de precio necesario para extender el mercado). Sin embargo, no hicieron seguimiento para asegurar buenos costos de manejo. Al no desarrollar gerentes chinos para supervisar la mano de obra nativa, esencialmente cegó a la compañía hacia otras opciones. "Yo debo utilizar expatriados para asegurar una cultura corporativa". Las operaciones globales pobres los llevaron a dañar críticamente la compañía.

No me malinterprete, la instalación inicial utilizando un grupo de trabajo de la casa matriz es muy razonable. Sin embargo, utilizar expatriados extensamente es peligroso y usualmente lleva a una compañía directo al fracaso. Es el caso de enviar la gente correcta por las razones equivocadas, un escenario que, desafortunadamente para muchas compañías, está destinado al fracaso. En el caso de la compañía de Sam, enviar a un expatriado fue inicialmente una buena idea. Esto aseguró que los procesos de manufactura y arranque lograran el estándar de calidad de la compañía matriz. Sin embargo, donde más fallan las compañías es que paran ahí. Para mantener el impulso positivo vigente y lograr una transición al extranjero que fuera efectiva y sin problemas, se esperaba que el expatriado o el grupo de trabajo que lo o la acompañaba transfiriera su conocimiento al profesional local. Una vez son cumplidos estos pasos vitales, entonces se hace necesario sacar al expatriado del país. ¡Rápido!

Es sorprendente ver trabajando la industria del expatriado. Puede irse a la Internet y hallar una tonelada de información relacionada con los expatriados. Puede inclusive irse a Amazon.com y encontrar libros no sólo acerca de lo que es un expatriado sino también libros escritos por los mismos expatriados.

Yo he leído algunos. ¿Sabe usted de qué hablan los autores? Básicamente hacen referencia a cuán maravillosa es la profesión y cuán exitosos son.

¡Wow!, ¿se pregunta de dónde sacaron *esa* estadística personal?

Por supuesto, para el gerente que está considerando ésto, de los errores cometidos por otras compañías es de los que se debe aprender. Observar los errores de otras personas es decisivo. A través de esas experiencias podemos aprender a *no* cometerlos.

Ahora, estoy asumiendo que el lector no está trabajando para una compañía como Nokia. Después de todo, ellos utilizan las asignaciones internacionales solamente para que el individuo obtenga conocimientos. (Gran lujo.) En el mundo real, por supuesto, la mayoría de la gente de pequeños negocios no posee los recursos de una compañía como Nokia. Sin embargo, podemos –y debemos- todavía aprender de ésta.

Voy a asumir que usted no está tratando de utilizar una asignación en el extranjero para convertirse en un líder político o en profesor global, sino sólo para adquirir conocimiento por diversión. También debe considerar que una asignación internacional *debe* ir más allá de la asignación inmediata.

Para expresarlo con franqueza, un expatriado debería ser utilizado *únicamente* por unos pocos meses a lo máximo, *a no ser* que exista una meta definida y documentada y que usted esté dispuesto a pagar cientos de miles de dólares para lograr la meta. Si no, olvide el expatriado. En mi opinión y en la de docenas de muy respetables presidentes de compañías, ellos están sobrevalorados y demasiado bien remunerados para la nueva generación de negocios globales que está surgiendo en el mundo de los negocios del siglo XXI. Siempre que una profesión tiene sólo un 11 por ciento de tasa de éxito, naturalmente pongo en duda su utilidad.

Debo aclarar que estoy de acuerdo en utilizar un expatriado, pero sólo cuando tiene sentido realmente. No es que no haya cometido errores con expatriados. (¡Wow, sí que lo he hecho!) El peligro más grande de tener a los expatriados por un período de contrato de trabajo largo es que ellos se transformarán en algo que usted nunca hubiera esperado. (Llamo a éstos los Efectos Híbrido y Rey respectivamente.) Para calcular los peligros, vamos primero a observarlos a ambos.

El Efecto Híbrido

Básicamente, mientras más tiempo un expatriado se encuentre en el extranjero más se va a convertir en lo que yo llamo un híbrido de las culturas. He leído libros que recomiendan la utilización de la regla de los tres años con los expatriados. Estos libros aconsejan que nunca una persona se quede en el exterior por más de tres años. Si usted lo hace, el expatriado se convierte en una persona sin país (sin cultura, más explícitamente). Personalmente, podría recortar un año en esta filosofía. Creo que este efecto comienza a aparecer como en el vigésimo cuarto mes. Depende del individuo, por supuesto, pero no obstante este efecto *se va* a presentar. Es sólo cuestión de tiempo. El más obvio (y extremo) resultado de ésto es la historia del expatriado de cincuenta años casándose con una mujer de veintiún años de una cultura diferente. Aunque parezca tonto, he visto ésto suceder con bastante frecuencia. Las diferencias culturales pueden parecer muy románticas pero las características culturales de comportamiento entre ellos pueden ser enormes. Una noche de masaje en los pies para una cultura es un símbolo de respecto y reverencia; para otra significa servilismo y sumisión. Por este motivo, si su empleado es ignorante respecto ala otra cultura, puede asumir la acción como algo diferente de lo que es.

Los problemas a menudo vienen después.

Otros efectos pueden ser la dependencia de varios servicios. Esto incluye: "yo no puedo hacer nada sin mi carro y mi conductor", o: "No estoy seguro si puedo vivir sin mi cocinero menos de cinco días a la semana". (Como usted puede imaginárselo, otros nombres para el Efecto Híbrido incluyen al Efecto Estrella de Cine y al Efecto Embajador).

Como sea que usted los llame, éstos son seguros indicadores de los comienzos de la inevitable transformación del expatriado. No obstante, el *verdadero* problema aparece cuando usted quiere al expatriado de vuelta a la casa matriz y él o ella son transferidos.

Entonces los problemas comienzan realmente. Como vimos en el artículo de Harvard, aquí es donde mucha gente renuncia, toma otro camino o simplemente es despedida. De repente, ellos tienen que lavar su propia ropa o manejar el carro ellos mismos. ¡El coraje!

Es por esto que el espacio de tiempo es esencial. Para disminuir este efecto tan particularmente desagradable, el expatriado debe tener asignado un ciclo y no dejarlo solo por ningún período de tiempo. Sugeriría un ciclo máximo de doce a dieciocho meses. Si dejas al expatriado por más cantidad de tiempo, entonces el reentrenamiento será una revolución y la repatriación se volverá casi un imposible. Revise su departamento de Recursos Humanos. Si no hay nadie allí que haya estado en una asignación internacional, usted está en problemas (o debería decir, el expatriado está en problemas).

Este efecto se mueve lentamente. Va a tener un efecto sobre el expatriado; es sólo cuestión de tiempo. Por esta razón, la duración del tiempo en que se le deje sólo va a ser crítica.

La duración depende del expatriado, de usted y del soporte que su compañía le dé a su equipo de trabajo. El entrenamiento es crítico; la autoridad es vital.

Es importante que los programas de largo plazo sean discutidos y diseñados *antes* de que usted considere enviar a alguien a una asignación internacional. Esto lo incluye a usted, si va a ir al extranjero por cualquier espacio de tiempo.

Recuerde, ¡el Efecto Híbrido también se aplica a los altos ejecutivos!

El Efecto Rey

Si el Efecto Híbrido contiene gran potencial para el abuso, entonces el Efecto Rey con seguridad causa problemas. Como un rey abusivo, silenciosamente se extiende, y entonces rápidamente se vuelve demasiado tarde para que la compañía resuelva el problema con facilidad. Gracias a la ley de causa y efecto, el Efecto Rey normalmente empieza después de que el Efecto Híbrido ha sido ignorado por demasiado tiempo. Como se lo puede imaginar, he tenido experiencias personales con este desafortunado efecto. Unos años antes de que instalara una fábrica, me presentaron a un hombre de negocios británico (llamémoslo James), quien recientemente había cerrado una fábrica en China (se la vendió a los empleados). Él sabía que yo estaba trabajando en un plan para abrir una fábrica de manufactura de componentes en China del Sur y quiso compartir conmigo parte de su experiencia. Fue maravilloso escuchar su historia y me dio un entendimiento más profundo de lo que era trabajar con expatriados.

Su historia giraba alrededor del manejo de su nuevo empleado expatriado. James conocía a esta persona (vamos a llamarlo George) durante quince años antes de contratarlo. Se convirtió en un amigo de negocios y tenía experiencia en el exterior con otras compañías (viajaba al extranjero a inspeccionar fábricas y negociar contratos). Ellos viajaban juntos y compartían notas e ideas acerca de determinadas instalaciones y gente con la que se encontraban.

El éxito más aplaudido de George fue el de montar una instalación manufacturera que se volvió rentable dentro de los primeros tres años. En cinco años George fue redesignado a China para fomentar relaciones para las instalaciones en su país de origen.

George, en los finales de sus cuarentas, no tenía el mejor matrimonio en ese momento. Una vez sus hijos crecieron y se independizaron, George y su esposa Sally tuvieron tiempo para reflexionar sobre su propia relación personal. (Como no soy un escritor de misterio, estoy seguro de que todos sabemos hacia *dónde* se dirige esta historia.)

George ya tenía su historia de separaciones de la esposa. En algunas ocasiones, de hecho, se fue sólo para volver "por el bien de los hijos". Ahora, no estábamos chismoseando sólo por chismosear, James estaba simplemente exponiendo unas cuantas cosas personales de George para poner algo en claro: usted debe *realmente* conocer los aspectos personales de un prospecto expatriado para poder tomar una decisión acertada de su estabilidad. Sé que existen leyes que restringen mirar dentro de ciertos aspectos de la vida de un individuo, pero es crítico saber tanto *socialmente* de la persona como sea posible. En esencia, esta trágica historia es simplemente la de un obvio mal emparejamiento.

Si usted está colocando gente en situaciones de cruce de culturas, entonces necesita saber sobre su estabilidad en su cultura actual. Necesita buscar en sus armarios, no vestidos ni corbatas sino esqueletos que puedan vivir en ellos.

Continuemos con la historia de James acerca de George. La última asignación de George lo agarró estacionado en China solo, tratando de asistir a su compañía en la expansión a diferentes mercados. La compañía estaba experimentado ventas anuales en más de 100 millones de dólares por año y estaba buscando la oportunidad perfecta.

El jefe de George no era más que el fundador y dueño de la compañía.

Bien entrado en sus setentas, estaba preocupado por los puntos de vista no cristianos de los chinos y tenía sus reservas respecto a utilizar a cualquiera de ellos como gerente principal. Por el hecho de ser un compatriota, George le dio al presidente el nivel de tranquilidad que requería.

Como en la mayoría de las economías, el mercado rápidamente tomó un rumbo hacia lo peor, y esta compañía comenzó a perder el 30 por ciento de sus ventas en pocos meses.

No todos en esta compañía estaban sufriendo como resultado de esto. Para este tiempo, George estaba separado de su esposa y estaba al acecho en China de encontrar una relación que cumpliera con sus deseos. Para el tiempo en que sus entrevistas estaban concluidas y que su "hallazgo" estaba cómodamente viviendo con él, su compañía cerró las puertas en China y le pidió que volviera a su país.

Pero George no estaba en condiciones de mudarse; a él le gustaban sus masajes nocturnos en los pies.

En este tiempo, James estaba seriamente pensando en establecer su propia manufacturera en China. La rentabilidad de la compañía de James se estaba encogiendo lentamente, los márgenes fueron reducidos para mantener sus clientes y el costo de gastos generales fue reducido a lo mínimo. James necesitaba evitar contratar manufactura y ayudar a la compañía a producir por sí misma sus productos.

La habilidad técnica de George era lo que se necesitaba. Desafortunadamente, James no le dio una buena mirada a las habilidades culturales y de negocios de George. Con todo el respeto hacia George, James no estaba actuando como debería hacerlo un buen gerente global.

Entre ellos dos seguro había un largo camino de fracasos por recorrer.

Vamos a discutir la situación a este punto del tiempo para encontrar cualquier presagio de problemas futuros. Una de las razones primarias para enviar a cualquiera al exterior *debe* ir más allá del problema inmediato. ¿Presagiar? Dos cosas inmediatamente vienen al pensamiento: James estaba enfocado en la necesidad de un beneficio inmediato y George en su inmediata necesidad de quedarse en China.

Los primeros dos años fueron consagrados al aprendizaje de George acerca de sus productos y a la puesta en marcha del proceso inicial. Esto tomó el doble de tiempo y el doble de cantidad de dinero. Con la ayuda de asesoría legal (recuerde, ésto sucedió en los noventas), James montó una compañía en Hong Kong y utilizó esta entidad como compañía de contención para las operaciones chinas (ambas una oficina de representaciones y una fábrica).

George contrató a un viejo amigo, un taiwanés (lo llamaré Pete). Pete era un experimentado vendedor y había vendido extensivamente en China a otras compañías extranjeras (ante todo las japonesas y taiwanesas). George colocó a Pete en la codiciada posición de gerente de fábrica. Así mismo, ambos, George y Pete, eran dueños de porciones minoritarias en la compañía de Hong Kong.

George iba muy poco a la fábrica. Afirmaba que esa era "la operación de Pete" y que él era "el director del espectáculo". Como respuesta, Pete contrató a otro taiwanés para manejar a los trabajadores chinos. Las operaciones de la compañía crecieron y la compañía dobló su tamaño en el tercero y cuarto año. Alcanzaron la rentabilidad durante el cuarto año. James había invertido más de $750.000 para alcanzar este punto.

James sabía que para comenzar la expansión global necesitaba empezar a integrar las operaciones británicas con las operaciones chinas. La separación de las dos se estaba convirtiendo rápidamente en un problema, pues cada compañía quería beneficiarse del mismo cliente.

James quería juntar estas dos operaciones y concebir un sólo plan de negocios para ambas compañías. El primer paso era el de fusionar las dos operaciones en un sólo equipo.

James informó a George sobre la reunión. Pronto se dio cuenta de que tenía un problema a la mano cuando recibió un correo electrónico muy corto de George afirmando que él "no veía la necesidad de irse hasta Inglaterra" y que no iba a enviar a ninguno de sus gerentes, ya que "se necesitaban en China".

Esto fue seguido por múltiples correos electrónicos y conversaciones telefónicas, todas sin solución o conclusión. A través del proceso desagradable, George estaba firme en que esta era su compañía y en que las instalaciones británicas eran la compañía de James.

(¡Ouch!).

Por supuesto, todo esto hizo que James se montara en un avión hacia China. Hizo los arreglos para una reunión general con George, Pete y todos los gerentes. Cuando llegó se sorprendió al encontrarse con que George no sólo *no* se estaba preparando para dejar China sino que estaba de hecho construyendo una nueva casa. Un hogar occidental construido en China es un lujo, pero George estaba convencido de que se lo había ganado y de que él estaba pagando por ella.

James supo después que aunque su salario estaba pagando parte de ella, la compañía estaba haciendo los pagos mensuales de la hipoteca, además de mejoras considerables. Ya que ésta era su operación y su compañía y que él sacrificó todo por el derecho a su posición, George estaba seguro de que estaba tomando la decisión apropiada.

En este caso, era claro que George se había ascendido a sí mismo a Rey George I. Hasta había contratado a sus parientes para que lo ayudaran a asumir que sus acciones eran justificadas.

("¿Rey George II y III?")

Hagamos una pausa aquí por un momento y reflexionemos sobre todos los asuntos que James y su compañía estaban enfrentando. Vamos a poner algunas de estas experiencias a funcionar para usted resaltando algunas acciones claves que han *debido* ser tomadas.

Es evidente que los errores que James cometió fueron como sigue:

1. Éste fue un caso clásico de enviar a alguien que tenía las destrezas técnicas necesarias pero que le faltaba la habilidad de adaptarse a culturas diferentes (corporativas y del país).
2. Enviar (o utilizar) a una persona que no tenía la habilidad para adaptarse a una perspectiva diferente y a "diferentes prácticas de negocio fue un gran error.

El éxito de una persona en el área técnica y en la cultura de los negocios existente no necesariamente garantiza que va a ser un éxito en la maniobra en una diferente.

Los dos no son necesariamente transferibles. Por ejemplo, sólo porque una persona tuvo éxito al negociar un contrato en India no significa que va a tener éxito al negociar un contrato en Rusia.

Como en el ejemplo del "Rey George", podemos meditar sobre los efectos Híbrido y Rey que pueden (y lo harán) ocurrir con el tiempo en una asignación

LA CORONACIÓN DEL REY GEORGE I

internacional. Es importante observar por lo demás que hay que tener en cuenta las conductas pasadas por alto en el expatriado (o potencial empleado) antes de tomar la decisión de contratar. El tiempo es clave, pero los errores pueden ser costosos. (Como lo acabamos de ver.)

Mucho más importante, con el propósito de evitar los efectos Híbrido y Rey en conjunto, depende de su habilidad para definir, desarrollar y organizar un plan de largo plazo para estos potenciales expatriados.

En el caso de James, él tomo la solución del camino corto y se encontró a sí mismo con un problema a largo plazo. Esto se pudo haber evitado con una pizca de planificación, investigación y observación.

No creo que haya una manera "correcta" de contratar o de lo contrario negociar con expatriados. Desgraciadamente, no existe algo específico, técnico o un manual de cómo hacerlo para el gerente global. Yo *sí* creo que existen algunas guías que podemos seguir (y modificar en el camino) para ayudarnos a obtener los resultados que deseamos. Como lo hemos visto, manejar a un expatriado es mucho más complejo que manejar a una persona dentro de su propio país.

El éxito está a 4 pasos

Vamos a discutir algunos asuntos críticos del manejo de un expatriado. Según mi experiencia (estoy hablando tanto de los éxitos como de los fracasos), éstas son las acciones mínimas que necesitamos poner en marcha, e incluyen cuatro pasos: (1) Desarrollo de un Plan de Entrenamiento, (2) Contratación de la Persona Correcta, (3) Llevar a cabo Evaluaciones Permanentes y (4) Terminarlo.

Desarrollar un Programa de Entrenamiento

En el momento de contratar a un *expatriado*, la planificación *es* realmente lo más importante. Para empezar, es crítico escribir sus objetivos estratégicos clave, tanto para el éxito de su *expatriado* como para el suyo. Estos objetivos nunca deben ser olvidados y deben ser repasados constantemente para estar seguro que todos van por el mismo camino y mantienen las mismas expectativas.

Si su organización tiene un departamento de recursos humanos, pero éste no cuenta con experiencia en recursos humanos internacionales, dependerá de usted que este crítico paso sea desarrollado con el propósito de conseguir estos objetivos con una perspectiva internacional. Esto quiere decir que si su personal de soporte no tiene experiencia internacional, entonces deberá hacerlo usted mismo o buscar a alguien que pueda hacerlo por usted.

El desarrollo de un programa de entrenamiento por un individuo o departamento con poca o ninguna experiencia internacional, es un camino directo al fracaso. Si uno considera las alternativas, el tiempo que gaste manejando asuntos usted mismo será bien invertido.

Hace cerca de veinticinco años (antes de que iniciara mi propia empresa) trabajaba para una compañía que estaba abriendo sus puertas en Suramérica. Era una gran organización que no tenía uno, sino varios departamentos de recursos humanos. A pesar de la cantidad de personal que tenían estos departamentos, de alguna manera, pocos de ellos se tomaban el tiempo para escribir. El total del entrenamiento diseñado para preparar al nuevo empleado internacional estaba escrito en menos de dos páginas. Ellos ni siquiera trataban el tema de las diferencias culturales, mucho menos las soluciones para éstas. Además de dar la explicación habitual del código de vestuario corporativo, se sugería una clase de idiomas en una universidad local, la cual fue cancelada eventualmente debido a la falta de estudiantes.

Es claro que los tiempos han cambiado hoy. Ciertamente, hay un nivel diferente de observación a las consideraciones culturales; más de las que existían hace cinco años, y más aun de las que hace veinticinco años.

De alguna manera, todavía existen grandes fallas en el entrenamiento efectivo para el prospecto de empleado internacional.

Si usted es un pequeño negociante, puede estar diciéndose a sí mismo: "Yo no puedo pagar ningún entrenamiento de este tipo." Además de que puede ser usted el único empleado de su compañía que apenas comienza, en la que en este caso usted sería "*todos*". Hay muchas cosas que pueden hacer usted o sus empleados para prepararse.

¿Dónde comenzar? Yo sugeriría que comience con su World Trade Center local. Un gran número de ellos están calificados para servirle de alguna ayuda (alrededor de un 20 por ciento están certificados para hacer más que almuerzos). Aunque no le sea útil, el WTC tiene bastante conocimiento de otras organizaciones que *sí* pueden ser de utilidad para sus necesidades específicas. Cuando lo dude, llame y pregunte. Hay organizaciones en ciudades que están específicamente relacionadas con su país de elección. De nuevo, llame y pregunte.

¿Tímido en el teléfono? Utilice la Internet. Ciertamente no voy a escribir acerca de esta herramienta de comunicación, excepto para decirle que si usted no está utilizando dicha herramienta a diario, entonces será mejor que reconsidere hacer *cualquier cosa* a nivel global, mucho menos dinero. Los negocios globales se mueven y cambian rápidamente; usted necesita la Internet para mantenerse informado.

En realidad, no importa si usted tiene un negocio de un solo empleado o una gran organización. Usted necesita desarrollar un plan de entrenamiento basado en los objetivos generales de la compañía. ¿No tiene ningunos? Escríbalos. Desarrolle un plan.

Si tiene el apoyo de un departamento de recursos humanos, asegúrese de involucrarse en el proceso del desarrollo. Los planes de entrenamiento global son muy diferentes de los planes regionales. Y es que usted no puede simplemente tachar Atlanta, Georgia y remplazarlo con Georgia, Russia, y llamar eso su plan global.

Muchos de ustedes quieren una plantilla o un plan escrito del cual puedan hacer extracciones para comenzar a entrenar inmediatamente. (Lo sé porque yo lo hice.) Desafortunadamente, no es tan fácil.

Cada compañía tiene diferentes necesidades y cada país tiene diferentes requisitos culturales, económicos y contractuales. Usted debe agarrar al toro por los cuernos y hacerlo usted mismo. Si tiene mucho dinero, contrate a un especialista y haga que le diseñe uno, aunque personalmente no lo recomendaría.

¿Por qué no? Usted conoce mejor que nadie a su compañía y sabe es lo que quiere, no cualquier consultor externo. Escriba el plan. Y luego comience a agregarle los requerimientos de consideraciones culturales para el país elegido. ¿No sabe cuáles son? Comience a hablar y hacerle preguntas a la gente. Si desea concretar el formato de su programa recién desarrollado, hable con un gerente del departamento de recursos humanos. Como mencioné anteriormente, la Internet le proveerá de una asombrosa cantidad de información que le ayudará en la creación de su nuevo programa.

Simplemente no hay atajos para hacer un buen programa. Aunque conozca la persona perfecta para el trabajo y esa persona tenga la experiencia, la habilidad y la sensibilidad cultural, de todas maneras desarrolle el programa. Será un guía del camino tanto para usted como para su empleado. Además, también será la base del acuerdo entre ustedes dos. Llévelo consigo y repáselo. Compare las expectativas con el desarrollo que haya observado. ¿Cumplió con sus expectativas? Si no, ¿Por qué? Si no, cámbielo e inicie el entrenamiento tomando nota. Manténgase involucrado durante el proceso.

Como lo hemos visto, es la única manera de evitar los efectos Híbrido y Rey.

Contratar a la persona correcta

Su programa de entrenamiento ha terminado. ¿Y ahora qué hace? Diríjase al siguiente paso: encontrar a la persona correcta. Como lo he mencionado, usted necesita conocer más de lo que un proceso normal le dice acerca de esta persona. Es crítico que usted conozca lo más posible para evitar obstáculos a su futuro éxito, personal y profesional.

Mientras usted comienza a investigar a su recluta ideal, tenga en mente estos pocos ítems que necesita considerar cuidadosamente.

Habilidad Comunicativa

La gente que usted contrate debe tener el impulso de comunicar. Si estos empleados fueran puestos en una situación en la cual sólo supieran algunas palabras de la lengua extranjera, de igual manera demostrarían entusiasmo en sus habilidades comunicativas y le demostrarían ésto al cliente, al gerente y a los trabajadores.

La comunicación, como todos lo sabemos, es tanto verbal como no verbal. Simples gestos, movimientos de manos, contacto ocular y lenguaje corporal juegan un papel crítico a la hora de comunicar las ideas deseadas. Algunas de estas habilidades pueden ser enseñadas; algunas son inherentes. Lo que buscamos es una combinación de ambas.

Si su candidato a ocupar el puesto tiene habilidades técnicas suficientes pero se comunica pobremente con extranjeros dentro de su país, es una señal clara de que no le servirá. ¿Cómo saberlo antes de tomar la decisión? Una manera es involucrándose con una organización de negocios relacionada con el país de su elección. Lleve al candidato a una de estas reuniones y observe cómo interactúa. ¿Esta cómodo o incomodo? ¿Inseguro o presumido? ¿Muy persuasivo o muy condescendiente? Esta será una especie de ensayo con vestuario para el evento real y responderá muchas preguntas.

Yo creo en ensuciarse las manos, en otras palabras, involucrarse desde el nivel mas bajo posible. Muchas veces esto significa cambiar la comodidad de la oficina por la sección de maquinaria. Si quiere saber por qué la productividad de una fábrica es baja, intente tomarse un día para seguir a sus empleados durante toda su jornada de trabajo, haciendo lo que ellos hacen. Muy a menudo los resultados pueden ser sorprendentes. En una ocasión me enteré de que la comida que les dábamos a los empleados era horrible. Después de cambiar la calidad de la comida, nuestro nivel de producción subió un 23 por ciento dentro de la primera semana. La lección aquí es clara: comunicarse por acción.

En otra ocasión, antes de contratar a un nuevo gerente de planta, mandé a organizar una cena e invité cerca de cincuenta empleados a los cuales se les hacía un reconocimiento por su excelente desarrollo. Durante la cena noté que el candidato a gerente de planta evitaba a los trabajadores y nunca intercambió palabras con ninguno durante toda la noche. A pesar de que su currículo era impresionante, no lo contraté por su falta de habilidades comunicativas.

Era evidente que él no era el individuo que buscaba debido a la falta de comunicación intercultural que yo deseaba que existiera. Como todos sabemos, algunos aspectos que se ven bien en el papel no funcionan en la sección de maquinaria de una fábrica.

Disposición cultural

Ésta es el área en la cual más insisto. Asumamos que su candidato tiene la experiencia técnica necesaria para hacer el trabajo. ¿Es esto suficiente? No necesariamente. La disposición para experimentar dentro de la cultura es necesaria para el crecimiento profesional y la cortesía cultural. Esto significa comer lo que ellos comen, intentar comunicarse en su idioma y hasta descubrir la etiqueta correcta para tomar ciertos tipos de té. Cualquiera que sea la situación, es crítico que el individuo tenga la curiosidad necesaria que lo impulse a empaparse de la cultura, tanto personal como profesionalmente.

Desafortunadamente, cuando se trabaja en el exterior es simplemente imposible dejar el trabajo en la oficina. Nuestro trabajo es conocer a la gente con la cual vivimos, trabajamos y a la cual, en muchos casos, le vendemos. Cenar, tomar té o simplemente caminar por la calle puede que no parezca trabajar, pero cuando usted o su empleado pueden aprovechar estos momentos para recolectar familiaridades culturales y usarlas en el lugar de trabajo, todos se benefician.

Como con todo, mucho de algo bueno puede ser malo. La precaución que tengo en particular es que el *expatriado* que adopta ésto con entusiasmo -tal vez diría *demasiado* entusiasmo- es el que cae con mayor rapidez en el Efecto Híbrido. Lo que puede hacer a un *expatriado* efectivo, también puede ser (y será) su ruina.

No confundamos esta disposición con el hecho de que el *expatriado*, en primer lugar, está en un país extranjero. Este no es el hecho. La voluntad de la cual hablo es la curiosidad de aprender y experimentar una cultura y un punto de vista diferente.

Punto de vista cultural

Este aspecto de la efectividad de un empleado lo separo de la disposición cultural debido a que he visto *expatriados* en la calle tomando *sake* con los compañeros y luego darse vuelta y criticar verbalmente su punto de vista cultural cuando es de su conveniencia.

Ésta es una característica dañina (y de alguna manera frustrante) de un empleado internacional.

El punto de vista cultural es una actitud a la cual llamo "vive y deja vivir." No es la adopción de una cultura, es más bien el respeto básico a las diferencias culturales que existen inherentemente entre los occidentales y los cuáles trabajan a su alrededor. Esto es crítico para el empleado internacional. No me refiero sólo al *expatriado*, por supuesto, sino a cualquier empleado que tenga cualquier tipo de interacción con otra cultura.

Sólo porque alguien está dispuesto o vive en un campo cultural diferente no quiere decir necesariamente que esa persona es un ciudadano global sano. Podría deberse a numerosas cosas, inclusive que el o ella desean alejarse de algo o alguien, o simplemente representan un caso de "Al otro lado de la cerca el pasto siempre es más verde." De las cuales ninguna sería una característica que creyera admirable en mis empleados.

Descubrirlas en un individuo es difícil, o más cercano a imposible, ya que pueden comenzar a notarse en el primer par de ciclos de entrevistas, durante el periodo de prueba, en "actividades de campo" como las ceremonias o en el comportamiento que demuestre en la sección de maquinaria. El gerente debe asegurarse de que se presenten situaciones en el periodo de prueba que obliguen al candidato a realizar decisiones culturales mientras usted observa su comportamiento.

Habilidades culturales para vender

En este momento usted debe estar preguntándose por qué abogo por las habilidades de venta del *expatriado* o el prospecto empleado internacional. Hay una gran cantidad de artículos en la Internet que hacen referencia a "cómo hacer..." Estos van desde como hacer negociaciones a cómo recuperar tu dinero. Todos muy entretenidos y de alguna manera útiles, pero está tomando una gran decisión y necesitará toda la ayuda que pueda conseguir.

En una situación global, *todos* son parte de el proceso, así lo llame negociar o vender. Debido a que existe una gran diversidad cultural cuando se trabaja con diferentes sistemas de creencias todos deben colaborar, aunque su trabajo sea vender productos o ideas, obtener mejores precios, programar entregas, etc.

Esto es en su propio país, por supuesto, importante, pero sumamente crítico en el extranjero. El *expatriado* o el candidato a empleado internacional deberán contar con estas decisivas habilidades. "Ah..." usted se pregunta "¿por qué esto importa si sólo está buscando un jefe de sistemas o gerente técnico? Esta habilidad es importante para *cualquier* empleado que está siendo considerado para un puesto en el extranjero.

¿Recuerda el dicho?, "La práctica hace al maestro." Lo mismo ocurre con las habilidades culturales de venta. Comprender las normas culturales tendrá valor y significado sólo para los que practican...y practican...y practican. Es el método de "ensuciarse las manos".

Inténtelo usted mismo. Busque una organización local que apoye a otro país. Vaya a hablar con ellos. Intente hacer una negociación a manera de práctica. Un variado número de organizaciones existen principalmente para colaborar con el negociante extranjero en la realización de negocios en ese país. ¡Qué buena área de práctica para desarrollar sus propias habilidades! Usted puede potencialmente integrar el entrenamiento de empleados junto con conferencias, almuerzos con invitados extranjeros y seminarios de entrenamiento.

Usted ciertamente desea que su nuevo candidato a empleado tenga un estilo de aproximación a las ventas y/o negociaciones colaborador y no combativo. Cuando se enfrenta a nuevas culturas, el empleado exitoso toma el rumbo diferente, necesario para obtener un resultado positivo, así que las ventas no sólo son un objetivo, sino una necesidad que involucra desde lo más alto a lo más bajo de una organización.

Durante una visita reciente a mis fábricas en China me encontré con un joven de aproximadamente treinta años el cual se encontraba en una breve asignación en el sur de China. Noté que no sólo hablaba poco sino que además no tenía ninguna interacción cultural. Sólo se concentraba en comer en el Pizza Hut más cercano y evitaba entrar en cualquier conversación con la gente de la localidad. Cuando finalizaba el día se dirigía apresuradamente al Hotel Milton, donde ordenaba una cena occidental para luego confinarse en su habitación hasta la mañana siguiente. ¿Qué tan efectivo era él en su trabajo? Poco importaba. Todo esto apuntaba a resultados a corto plazo y fracaso a largo plazo, sin importar lo impresionante que fuese su currículo. El examen cuidadoso del candidato le asegurará que cuando sea necesario tomar decisiones rápidamente, puedan ser hechas con seguridad y experiencia. Elegir a un buen candidato para un potencial puesto internacional demandará un mayor esfuerzo que elegir a alguien para un puesto doméstico. En nada difiere de ordenar comida en un restaurante extranjero; es más fácil elegir entre una hamburguesa *Big Mac* o una *Cuarto de Libra* porque nos son familiares, pero decidir entre un *Pad Thai* y un *Gum Shi* cuesta un mayor esfuerzo.

Desafortunadamente, en el mundo de los negocios internacionales los riesgos son un poco más altos que ordenar la comida equivocada. El gerente debe tener en cuenta otras cualidades diferentes de su habilidad técnica.

Algunas de estas consideraciones son: la habilidad para comunicarse interculturalmente, la voluntad de experimentar dentro de diferentes culturas, la habilidad de adoptar diferentes puntos de vista culturales y una fuerte habilidad de ventas dentro de otras culturas.

Evaluaciones en desarrollo

Muy bien, así que finalmente ha desarrollado un programa de entrenamiento y encontró a la persona correcta.

¿Y ahora qué? Con el compromiso financiero que se ha hecho para enviar ya sea a usted o a otra persona al extranjero, es el seguimiento persistente el que le asegurará que mantiene el rumbo correcto.

La comunicación constante, la observación de comportamiento, las evaluaciones formales y los regresos a casa periódicos son todos necesarios para asegurar su éxito. A diferencia del resto de los empleados, estas personas están a miles de kilómetros de distancia en una cultura extranjera, sin el lujo de tener a la oficina de soporte corporativo a unos pasos.

Estas personas no sólo necesitan ser el "emprendedor supremo", sino también poseer los rasgos arriba mencionados. Y aunque los posean, podrán siempre beneficiarse de la experiencia de usted, o dado el caso, la de otra persona.

Tan necesario es el compromiso del empleado, como el de su jefe inmediato y el de la corporación, que es crítico para el éxito mutuo.

Haga que los viajes sean una gran parte de su presupuesto durante esta fase inicial; se debe enfatizar que el empleado debe regresar al país de origen frecuentemente para prevenir el incremento prematuro de los Efectos Híbrido y Rey. Esto en conjunto con visitas y comunicación constante (el *e-mail* no cuenta, utilice voz, o la mejor opción, videoconferencia) le garantizará no sólo una línea abierta de comunicación, sino también la motivación para comunicar.

El empleado *debe* interactuar tanto con su jefe como con sus compañeros. Esto provee de una inter-estimulación de las ideas y fortalece la conexión con el hogar.

Cuando se está desarrollando el plan general y los objetivos del empleado, siga el proceso presentando ejemplos de futuras evaluaciones. Esto dará a todos una imagen clara de las metas y expectativas. Con empleados que están tan lejos de la cultura corporativa, fácilmente se olvida que lo que normalmente sucede de manera rápida en la oficina principal demanda un esfuerzo definido para ser comunicado a los empleados que están más lejos.

Cuando todos se encuentran bajo un mismo techo es fácil asumir que todo el mundo conoce el ritmo de trabajo actual, pero cuando coloca a un empleado en otra cultura, el ritmo no es el mismo. Como encargado, es su responsabilidad llenar este vacío.

Terminando el trabajo

Al momento de contratar a un *expatriado* exitoso, la mayoría de compañías olvidan lo que sucede cuando es el momento de traer a este empleado de *regreso* a su país de origen. La reubicación es delicada y lo que esta en juego es muy importante, como hemos visto, aquí es donde se tiene un 25 por ciento de posibilidades de perder a la persona que le ha costado tanto esfuerzo contratar, entrenar y preservar. Y si usted pierde esa persona con la competencia perderá mucho más que un empleado (¿ha escuchado qué son secretos comerciales?) y podría ser trágico dependiendo del empleado, el competidor y el momento.

En el artículo de Harvard, los autores describen una empresa que perdió a todos sus gerentes —veinticinco— ¡durante un periodo de dos años! Ellos calculan que la perdida fue de $50 millones de dólares, tirados al viento. No sé si usted, pero yo no puedo costear una pérdida de ese tipo.

El mismo artículo señalaba que la mayoría de las compañías no tienen un puesto definido para el *expatriado* que regresa. Alrededor de un tercio de ellos llenaba posiciones temporales y cerca del 60 por ciento dijo que les hacían falta oportunidades para hacer uso de su experiencia. Puede ver ahora cómo es que (en promedio) un 25 por ciento deja la compañía después de regresar a casa. La mala planeación y mediocre administración son muchas veces la causa, y no siempre por el lado del *expatriado*. (Dezan Shira, 2003).

Creo que usted no puede esperar a que la persona llegue, tampoco debe esperar seis meses *antes* de su regreso. ¿Entonces cuando debería empezar? Recomiendo iniciar la fase de planeación antes de contratar o ascender a la persona. Esto le dará una mejor idea del tipo de individuo que necesita, además le ayudará al gerente a desarrollar una relación de trabajo con el individuo, ayudándole al empleado durante su trabajo en el extranjero. Esto resolverá el problema del ¿qué hará? y ¿para dónde irá? cuando regrese el *expatriado* (se le llama repatriación), también le ayudará a saber hacia dónde se dirige la compañía, para poder así ayudar a todos los involucrados en cumplir sus metas.

La repatriación es un tema bastante comentado en las empresas gigantes, pero muy poco tocado dentro de la pequeña y mediana empresa. Esto es lo contrario a lo que debería ser. Cuando se trata de repatriación, en las grandes compañías se permiten pocos errores, pero en el caso de las pequeñas y medianas empresas no hay espacio para errores.

Con la globalización afectando los negocios de todos, sean grandes o pequeños, necesitamos hacer que las carreras de nuestros empleados sean parte de la visión de la compañía. Por eso es importante desarrollar este aspecto apenas se comience a trabajar en los objetivos de la compañía.

Cuando comience a escribirlos, éste debe incluir la carrera del empleado junto con la visión y los objetivos de la compañía. Estos no pueden ser interdependientes.

¿Quiere un poco más de información sobre la repatriación? Siga leyendo.

Nación de repatriados

Retener a los profesionales corporativos después de una asignación global es clave para el futuro éxito de una organización global. ¿Por qué? Debido a que estos empleados tienen ahora información sobre la cultura e integración de metas corporativas que pueden compartir con el resto de los empleados que estén en la oficina base.

Esto ayuda en el desarrollo de una fórmula exitosa para toda la organización. ¿Cómo puede minimizar los retos que enfrentan sus empleados repatriados después de una asignación en el extranjero?

¿Cómo puede ser compartido y transferido el conocimiento que adquirió fuera del país?

He aquí algunas ideas:

1. **Choque cultural en el regreso a casa.** Este es un tema altamente discutido; sobre esta materia ha sido recolectada una impresionante cantidad de información. Hasta muy recientemente, la idea de ofrecer entrenamiento a los profesionales que regresaban a casa era considerada en el mejor de los casos peculiar, y en el peor, innecesaria. Los repatriados eran muy a menudo arrojados a su trabajo anterior (o trabajos temporales sin rumbo profesional) sin ni siquiera un diálogo sobre su asignación internacional.

   Estudios han mostrado que la cultura de su país de origen puede parecer extraña después de pasar un periodo de tiempo negociando en una nueva cultura. Hasta yo encuentro que pasar unos cuantos meses lejos de casa me da una extraña sensación del ambiente que me rodea cuando llego a ella. (¡Imagine cómo debe sentirse un empleado!)

   Proveer a los repatriados de los medios para discutir sus sentimientos puede ser crucial para realizar una repatriación exitosa. Hasta hablar con su familla sirve de ayuda, aunque hablar con otro empleado de la compañía es lo mejor para todos los involucrados. Yo hasta sugeriría que un antiguo expatriado sea el responsable de dirigir el programa de repatriación. Realmente ayuda el hecho de que la persona que conduce el programa comprende por lo que el individuo acaba de pasar.

   Ya ellos estuvieron en esa situación, y esto hace más fácil la transformación del nuevo expatriado.

2. **Convertirse en maestro.** Un buen entrenamiento para repatriados debe contar con tiempo para que el individuo discuta cómo se debería transferir el conocimiento que él o ella han adquirido. La mejor manera de hacerlo es con un estilo informal, de último minuto, durante un proyecto especial, en reuniones con el jefe o durante una reunión especial del equipo del repatriado. Este es un tema que debería ser incluido en los requerimientos del puesto.

   Sin importar lo que el expatriado haya logrado en el exterior, ahora lo que está dentro su cabeza es un activo de la compañía. Lo mejor es pasar este conocimiento a cierta cantidad de personas. La transmisión del conocimiento es diferente para cada puesto. Puede ser sólo a través de un reporte escrito para el boletín de la compañía o dirigir sesiones de entrenamiento para otros empleados. También debería incluir que esta persona colabore en el desarrollo del puesto del próximo expatriado y de su repatriación cuando llegue el momento.

Además del individuo, yo también incluiría al cónyuge y los hijos. Un cónyuge que ha pasado por este proceso sabe qué esperar y puede ayudar a la otra familia a adaptarse rápidamente. Estas personas pueden convertirse en miembros críticos en ayudar a la familia a ajustarse a su entorno. Una familia feliz genera un empleado adaptado y feliz. Recuerde, cuando se trata de repatriación, no olvide al cónyuge.

3. **Guiando a otros.** El repatriado juega un papel clave en ayudar que la organización desarrolle la mano de obra global, sirviendo como tutor a los expatriados que van al mismo país o parte del mundo. Pasar la batuta al próximo expatriado le da un sentimiento de propósito al individuo y asegura que la compañía obtendrá algo a cambio de su inversión.

   El intercambio de información entre el repatriado y el expatriado puede ser de ayuda en asegurar una experiencia positiva para el expatriado, alertándolo de los retos que enfrentará cuando trabaje fuera del país. Esta tutoría puede ser extendida a los trabajadores más jóvenes, proporcionando educación y extendiendo la comprensión de la compañía en torno a la globalización. (Esta es una muy buena declaración corporativa para conseguir más negocios, asegurar rentabilidad y controlar costos). Ser tutor puede también ayudar al repatriado, pero su valor real es el reembolso que recibe la compañía. Transferir este conocimiento es crítico para el crecimiento a largo plazo de la organización.

4. **Afuera de la compañía.** Organizar un grupo de repatriados que puedan compartir sus conocimiento de negocios internacionales durante presentaciones programadas de manera regular, envía una señal clara a todos los empleados que la experiencia global es valorada. Además, el intercambio de ideas entre los repatriados puede ayudar a que su organización construya un equipo de trabajo global más satisfecho. Todas estas palabras son muy bonitas, por supuesto, pero lo que realmente quieren decir es que salga y vaya a otras organizaciones y comience a compartir ideas culturales.

   El empleado exitoso puede ahora convertirse en el embajador del *goodwill* de su compañía y proveer las relaciones públicas necesarias que no estarían disponibles sin su experiencia. Haga que los repatriados dicten charlas y se unan a organizaciones sensibles interculturalmente (¿recuerda el World Trade

Organization?). Involucrarse en actividades por fuera de las fronteras de la compañía requiere tener en cuenta muy cuidadosamente diferentes aspectos de recursos humanos, para así asegurar la confidencialidad, pero le asegura beneficios en el futuro de la compañía con los cuales puede contar en años venideros.

5. **El futuro de ellos.** ¿Quién quisiera un futuro incierto? Especialmente cuando se es enfrentado a un desafiante y difícil papel en el extranjero. La tensión e incertidumbre de este trabajo puede ser reducida cuando el expatriado sabe qué oportunidades profesionales hay disponibles al momento de regresar. Esta información también puede crear una transición mucho más suave, una vez el empleado regrese a casa. Esto es, sin duda, más fácil decirlo que hacerlo, pero establezca la intención desde el principio y desarrolle un rumbo profesional para que así cuando el expatriado regrese a casa tenga más que una promesa vacía y un trabajo temporal. Sí, las cosas cambian y el mercado global se mueve rápidamente. Un terremoto en India puede cambiar la manera en que hacemos negocios en China o Suramérica. Sin embargo, nuestros empleados necesitan un sentido de dirección para mantener su lealtad (además de como hacer más dinero para la compañía).

Para mantenerse globalmente competitivo, las organizaciones necesitan dejar claro a *todos* lo empleados, y no sólo a sus expatriados, que las experiencias globales son fomentadas. Una manera de hacerlo es a través de un diseño organizacional que promueva —y hasta recompense— las asignaciones internacionales. Los programas de entrenamiento para repatriados son parte del programa general de la empresa.

Muy a menudo, los profesionales repatriados dejan sus organizaciones porque sienten que sus conocimientos son menospreciados. La planificación consciente, es necesaria para que la compañía —y él (los) empleado(s)— sean recompensados a largo plazo.

Encontrar a la persona correcta

Así como hay tantos libros, seminarios, conferencias, clases, opiniones, argumentos, evaluaciones, cartas de despido, correos electrónicos y contratos laborales que han sido escritos acerca de este tema, también hay la misma cantidad de opiniones al respecto. En algunas compañías hay hasta todo un departamento dedicado sólo a este tema. Puede que haya escuchado hablar de ellos; son llamados departamentos de recursos humanos. Ellos crean los manuales de empleados, memorandos, instrucciones, indicaciones y descripciones de trabajos entre otros importantes aspectos de la compañía.

Me sorprendo de la cantidad de información que existe en el ambiente para este propósito. Las universidades ofrecen muy a menudo títulos que se centran en la meta de encontrar y retener al empleado correcto. Y a pesar que la gran cantidad de información puede muy a menudo ser abrumadora, todo a la final depende de la persona que realiza las contrataciones.

¿Tiene usted en realidad toda la información necesaria para tomar una decisión inteligente?

No se engañe, es duro y algunas veces todo lo que le queda es su intuición.

Por supuesto que no voy a comenzar a delinear un manual acerca del fino arte de contratar a la persona correcta para el puesto que usted esta creando. (¡Lo dejaré para la segunda parte de este libro!)

Con toda la información que existe, sin mencionar su singular conocimiento de su singular compañía, todo en realidad depende de usted. Sólo asegúrese de que el elemento global está profundamente incluido en la descripción del trabajo y en la visión y objetivos de la compañía. Asegúrese de estar comprometido en el proceso y desarrollo de este individuo.

Usted es solo tan bueno como la gente que contrata.

Ahora, para concluir, regresemos a la historia de George. ¿Lo recuerdan? Lo dejamos cuando se autoproclamó el Rey George. Para este momento, la esposa de George tenía a sus dos hermanas trabajado para él, y la compañía le había prestado dinero a una tercera hermana para montar un negocio, además el también le proporcionó un préstamo de $5.000 dólares al hermano de su esposa. El contador supervisor (o eso creía James) ahora ganaba $8.000 dólares al mes por supervisar los libros para los miembros de la junta directiva.

A George no le llamaba mucho la atención la comida China y era muy selectivo con sus alimentos. Hacia grandes esfuerzos para encontrar comida occidental, y algunas veces la preparaba él mismo. Hasta convirtió en costumbre visitar a Hong Kong e ir directo al comedero occidental más cercano. Aunque extrañamente le encantaba comer el pollo a la barbacoa vendido en los andenes de varias partes de la ciudad y el país.

James comentaba que siempre era una peculiaridad ver a este extraño hombre, masticando pollo a un lado de la calle mientras se quejaba con el comerciante sobre los principios morales de Occidente.

Fue durante uno de esos encuentros en el andén que James vio al Rey George I con su clásica gorra de béisbol, pantalones cortos, sandalias y una desaliñada barba blanca. Mientras se jorobaba, masticando su pollo con una mano y fumaba continuamente con la otra, le exponía a James la necesidad de darle "fondos para expandir el negocio". Durante este tiempo, le enorgullecía mostrarle a James su recién construido hogar estilo occidental y su nuevo auto con conductor de tiempo completo, todos comprados al mismo tiempo que le estaba dando dinero a su cuñado.

James se dio cuenta de que la persona que conoció hace apenas seis años se había convertido oficialmente en el Rey George I. En general, los errores que cometió dirigiendo a esta persona durante los años se habían acumulado en el Rey George, un extraño hombre el cual ya no es aceptado culturalmente en ninguno de los dos países. Al escuchar a James no pude evitar pensar en la clásica novela *Frankenstein*; el recuerdo de esta persona (¿monstruo?) que él había creado ahora lo perseguía.

James sabía que tenía que cortar los vínculos entre el Rey George y él, pero no estaba seguro del método. Su preocupación era que una porción de los negocios de la compañía ahora dependían de la fábrica que George había establecido y en el momento manejaba. El saldo, sin embargo, era fácilmente transferible.

Durante los siguientes ocho meses, él exitosamente separó a George y sus súbditos de su negocio (palabras bonitas para "despedirlos"). Después él le dio vuelta a la fábrica que George había creado durante los años y la convirtió en un activo potencialmente negociable.

Estando completamente conciente de la pérdida, James sabía que era importante eliminar a George para evitar que provocara un mayor daño al balance de la compañía.

James le ofreció la fábrica a George y sus súbditos con un buen descuento. Ellos tomaron rápidamente la oferta y prosiguieron por sí solos. Le ha tomado a James más de un año arreglar el daño que fue hecho, pero con la reorganización, sus negocios aumentaron en más de un 20 por ciento como resultado: él me enseño mucho a través de su colosal metida de pata. Desde ese momento he aplicando las lecciones que compartió conmigo a diario.

La culpa, en este caso, es mutua. El problema no fue sólo por George. Como usted puede notar, la situación fue mal manejada desde el principio. Los errores prematuros se convirtieron luego en una situación inaceptable para cualquier persona. James aprendió una lección que le sirvió para luego convertirse en un mejor gerente global.

Afortunadamente, a James no le costó tanto como hubiera podido, pero sí genero una gran limpieza de la compañía, que a su vez le dio a James una maravillosa explosión de energía que disfruta hasta el día de hoy.

Ahora James mantiene una comunicación más cercana con los empleados de la compañía, mayores niveles de utilidad, mercados más expandidos y un mejor control de costos. El ascenso y la caída del Rey George I resultaron siendo una bendición.

Es importante para el lector que estudie estas lecciones unas cuantas veces, vea los muchos errores que fueron cometidos y aprenda de ellos. Si usted puede evitar cometer así sea uno de de estos desatinos, el precio que pagó para leer este libro habrá sido muy bien invertido.

Palabras de despedida

Este capítulo no debería desalentar a los lectores en considerar el uso de un expatriado, pero sí debería hacerlos tomar conciencia de que su responsabilidad debe aumentar, para así reducir los altos niveles de fracaso de el expatriado tradicional, de acuerdo con las experiencias personales del autor y la de aquellos que están plasmadas para la posteridad en los anales de los diarios de negocios en todo el mundo.

Igualmente, el gerente debe reconocer el aumento necesario del tiempo requerido para ayudar a que el expatriado tenga éxito. De hecho, encuentro que la mayoría de fracasos ocurren cuando el gerente *asume* que el potencial expatriado tiene la experiencia necesaria y luego muestra las típicas prácticas de supervisión asociadas con los gerentes no-globales.

¿Qué tiene de malo esta situación?

Bueno, todos sabemos lo que pasa cuando *asumimos*.

Epílogo:
Enfrentando el futuro: ¿Está trasladándose el mundo de la manufactura a China?

Camisetas, alcancías, juguetes, ceniceros, encendedores, chips de computadora, gomas de mascar. A medida que usted compre productos, utilice electrodomésticos, lea artículos, analice temas y hasta lea el revés de las cajas de leche sobre la diversidad de las economías mundiales, a menudo nos hacemos una pregunta en común: ¿Qué *no* es hecho en China?

China ciertamente ha surgido como el centro global clave de manufactura para un amplio rango de productos. Hoy en día, no existe virtualmente ningún mayorista, minorista u OEM (fabricante de equipos originales) en el mundo moderno que no esté adquiriendo algunos, si no todos, sus productos de China.

Las ventajas de una ubicación con bajos costos de producción o con un gran grupo de proveedores, en un mercado rápido y siempre creciente, ha creado oportunidades para los empresarios de todo el mundo. He intentado compartir con usted una variedad de ellos aquí en este libro.

Como hemos visto, el mundo ciertamente ha cambiado y en ningún lugar es este hecho más evidente que en la siempre cambiante superficie de el mercado global. Parece ser que ese "Made in Hong Kong" ha pasado a "Made in Taiwán" y luego a "Made in China," con la emergente posibilidad de convertirse en "Made in India" ¿Qué nos mostraran esas etiquetas en el futuro? ¿Se habrá detenido este proceso? ¿Quién aflorará como el siguiente gran fabricante "Made in…"?

Durante los ochentas y noventas fui testigo de una inundación de empresarios de Hong Kong, taiwaneses y coreanos que trasladaban sus operaciones a China. Mientras los costos de manufactura aumentaban en sus países de origen y el mercado global se hacía más competitivo, las ventajas de tal cambio eran obvias. Reducir los costos de producción y dar alivio a sus decrecientes márgenes de utilidad demandaba del *outsourcing* de sus operaciones de manufactura para mercados masivos y las compañías con visión de futuro respondieron rápidamente.

Aquellos que no lo hicieron, muy seguramente, ya no están en el negocio.

Para el final de los noventas hasta las pequeñas y medianas empresas comenzaron a sacar las cabezas del territorio doméstico y comenzaron a buscar oportunidades de manufactura en China. Pero la migración está lejos de terminar y las crecientes presiones en los costos operacionales continuarán hacia el nuevo siglo.

La persistencia de las utilidades disminuidas e intensa competencia de fuerzas externas ha obligado a que el pequeño y mediano negociante salga de los países desarrollados para sobrevivir. Esto es más obvio en compañías que cuentan con productos que carecen de innovación dinámica y/o pocos éxitos en la investigación y desarrollo.

Pero ésta, por supuesto, no es toda la historia. Estudios adicionales sobre las razones detrás de esta ola de pequeños negocios hacia China revelan los siguientes factores:

- La valorización de la moneda doméstica produce una falta de competitividad en el mercado global.
- La fuerte moneda local hace que invertir en China sea más conveniente.
- Operar con una tasa de intercambio fija evita las fluctuaciones de tasa de cambio.
- A medida que más países se unen a la Unión Europea, los salarios y costos de producción aumentan, convirtiendo más atractiva a China.
- Tener falta de recursos humanos (fábricas de textiles, producción de madera, etc.)
- Los productos que no cuentan con innovación para modernizarse deben trasladarse más cerca a China para reducir costos.
- La fuerza laboral China tiende a ser mas productiva (los salarios Vietnamitas e hindúes son generalmente más bajos).
- La disponibilidad de proveedores es más abundante en China.
- Las fábricas compradoras se están trasladando a China, y de esta manera arrastrando a otras fábricas de suministro a las mismas locaciones (factor de relleno pasivo, requerimientos de programas VMI [inventario manejado por el vendedor] y JIT [JAT: sistema de gestión "justo a tiempo"], etc.)
- Los fabricantes chinos son ahora competidores efectivos, y venden más barato en el mercado global.

Los fabricantes locales de China han comenzado también a crear productos con tecnología de punta y han comenzado rápidamente a ser reconocidos internacionalmente (junto con patentes y diseños). Como resultado, el pequeño y mediano negociante es forzado a desplazarse para reducir costos a manera de sostener el crecimiento y/o los márgenes de utilidad.

Consecuentemente, la entrada a China a través de adquisición de proveedores o competidores existentes ganará aún un mayor impulso en el futuro.

Todo ésto es, por supuesto, académico y a través de experiencia he aprendido que muy a menudo es más fácil aprender sobre estos asuntos en tiempo real que en blanco y negro. Tengamos en cuenta dos conversaciones diferentes que tuve con un competidor mío, para darle mayor énfasis a esta migración global hacia China.

Este empresario en particular fabricaba un producto de la familia de baja tecnología, específicamente cables de corriente. Este ciertamente no era un producto innovador, de ninguna manera.

De hecho, no había un departamento de investigación y desarrollo en su compañía.

Los estándares del producto eran establecidos por los correspondientes códigos de seguridad de cada país, no permitiendo de esta manera mucha innovación.

Al curso de varios años, la fabricación se había trasladado a varios países para reducir los costos de producción y mano de obra. Con la reducción de los márgenes y la falta de otro país que ofrezca una solución, estos productos enfrentan un futuro incierto.

La supervivencia viene solo de la innovación en el suministro (JIT "Justo a Tiempo", reducir la distancia entre clientes, *joint ventures* con proveedores de materia prima, etc.).

Este empresario en particular fue salvado sólo siendo adquirido por otra compañía queriendo evitar todos los procesos, medidas y entrenamiento necesarios para abrir una fábrica en China. En este caso, ambas partes resultaron triunfantes.

Desafortunadamente, la compañía fue vendida por sólo una fracción de lo que pudo haber producido, si tan solo la compañía hubiera hecho un mayor esfuerzo en expandirse a otros productos (de esa manera innovando hacia soluciones lucrativas).

Estoy teniendo más y más conversaciones como la que tuve con este empresario en particular. Una nueva ola de adquisiciones comenzarán a ocurrir con las compañías que comienzan a descubrir lo que sus competidores ya han deducido, que es más barato y rápido adquirir compañías que ya están en funcionamiento en el país de elección.

Tiene sentido, ¿cierto? Quiero decir, ¿por qué reinventar la rueda cuando alguien, en este caso, una compañía ya establecida, lo ha hecho por usted?

Hay ciertas elecciones que una compañía puede hacer cuando se trata de invertir en una operación de manufactura en China. En general (adquiriendo o comenzando de cero) los sistemas más utilizados son los siguientes: WFOE (Empresas de Propiedad Extranjera), JV (*joint ventures* o Sociedad Mixta con Riesgo Compartido) y LLJG (fabricas de procesamiento y ensamblaje). Los LLJG han sido los más populares desde el final de los años setentas.

Demos una mirada a los pros y los contras de cada uno en la siguiente sección.

LLJG

Durante los primeros años de la expansión global (que la teoría actual apunta a la década de los setentas), este método era muy popular con los inversionistas de Hong Kong y Taiwán, principalmente porque no requería de la creación de una entidad completa, y sin embargo era lo suficientemente bueno para confiarle a una fábrica local la manufactura de productos para exportación. Todavía hoy ésto es posible si usted quiere sólo exportar los productos y no quiere crear una WFOE (Empresa de Propiedad Extranjera).

En realidad, LLJG significa Procesamiento y Ensamblaje de Materiales o Partes

Suministradas/Importadas. Básicamente, usted envía los materiales a esta fábrica (materiales extranjeros), utiliza la mano de obra de bajo costo para ensamblar y luego exporta (solo) el producto final.

Básicamente, esto es todo lo que un LLJG puede realizar. Así que si usted quiere utilizar materiales domésticos o vender a estos mercados, olvide este método.

Es importante recordar antes de elegir este método que el LLJG *no* cuenta con un estatus legal. Es un simple arreglo entre el socio chino y el inversionista extranjero.

Usualmente, el inversionista provee el equipo sin costo al socio chino (el equipo ingresa libre de impuestos y de IVA por un cierto periodo de tiempo). Cualquier tipo de materiales enviados por el inversionista son considerados bienes en tránsito, y por esto no acarrea IVA o impuestos de aduana. El producto final debe ser ciento por ciento exportado y las ventas domésticas *no* están permitidas.

Así que, teniendo en cuenta estos factores, las ventajas de este método incluyen las siguientes:

- No es requerido capital.
- No hay necesidad de invertir en edificios.
- No hay IVA.
- La múltiple elaboración de diferentes productos está permitida.
- El equipo importado es libre de impuestos aduaneros e IVA.
- El contrato de producción es corto, permitiendo así la flexibilidad.

Por el otro lado, entre las desventajas se incluyen las siguientes:

- No se admiten las ventas domésticas.
- El impuesto de ingresos es evaluado por el fisco.
- Los bienes en transito son monitoreados de cerca por las autoridades (acostúmbrese a los visitantes).
- Usted debe depender de una buena relación con el socio chino.
- No hay reembolsos del IVA.
- Estructura muy rígida. (Dezan Shira, D., 2004 Business Guide to Shangai and the Yangtze River Delta. China Briefing Media, Ltd., 2003).

Si esta intentando adquirir un negocio, yo ciertamente lo pensaría dos veces antes de comprar una entidad LLJG. Pienso además que este tipo de sistemas cumplirá su ciclo, ya que la función primordial del acuerdo LLJG es la explotación de la mano de obra económica para extranjeros. Debido a que las reglamentaciones para las WFOE están siendo reconsideradas, la función del LLJG para los chinos será, probablemente, eludida.

WFOE

Este sistema se esta convirtiendo en el más popular y ciertamente uno de los mas ampliamente utilizados en China. Para cumplir su compromiso con la World Trade Organization, China está abriendo más y más sectores de la industria permitiéndole la utilización de este sistema al empresario extranjero.

Como fue mencionado en el segundo capítulo, éste es uno de los sistemas más importantes en los cuales debe centrar su atención. China esta cambiando rápidamente y es importante que el negociante prudente esté dispuesto a ensuciarse las manos.

La WFOE elimina el requerimiento de tener un socio chino y no requiere una gran cantidad de capital para ser fundado. Básicamente las WFOE son, bajo la ley china, compañías de Responsabilidad Limitada. Los accionistas son cien por ciento extranjeros, usualmente una única empresa internacional es dueña del cien por ciento de la acciones.

El Capital Inscrito es un requisito y la cantidad dependerá del tipo de industria tanto como la ubicación regional. Por ejemplo, una WFOE que se está estableciendo en Shangai enfrentará a un mayor requerimiento de capital que una que se establezca en Shenzhen.

Una oficina sencilla de representación

Si usted no desea fabricar, pero igual quiere tener una presencia en China, entonces una oficina sencilla de representación, o por sus siglas en inglés RO (Rep Office), puede ser la respuesta inicial a su problema. Las RO son útiles y económicas. No piense que son fáciles de crear. Igual que con los WFOE y otros sistemas, yo le sugeriría firmemente que contrate una buena firma legal o de contaduría para que le ayude durante este vital proceso.

¿Por qué una Oficina de Representación? Las razones son tan diversas como el mismo proceso de crear una. Para comenzar, pueden realizar un variado número de tareas en su lugar. Estas pueden ser útiles en facilitar el intercambio entre su oficina central y otras entidades locales en China. Sin embargo recuerde que las RO no pueden facturar directamente servicios o ventas en China. Aunque sí pueden redireccionar negocios hacia su oficina central o actuar como un enlace en asuntos de ventas y/o administrativos.

Hay ciertos impuestos que puede aplicarse a su industria, además usted debe contratar a el personal local a través de una organización conocida como FESCO. Debe tener en cuenta que pueden aplicarse otros requerimientos, tales como la rendición de reportes mensuales, auditorías anuales, licencias y registros fiscales, por citar algunos ejemplos. Las licencias para RO tienen una duración aproximada de 2 a 3 años, pero son renovables.

El proceso de solicitud es algo burocrático y administrativo. Es una combinación de requerimientos de documentación y procesos de solicitud.

Este podría costarle (además de los costos de montaje) algunos impuestos, que pondrían sumar cerca del 10 por ciento del total de los costos operativos de la oficina de representación.

Sin embargo, a pesar de sus inconvenientes, la licencia para una oficina de representación sirve si usted desea tener presencia local para administrar servicios o mercancías que esté adquiriendo.

En palabras simples, ésta le da un nivel superior sobre el de un importador y/o corredor. Le provee de una ubicación en China y puede ayudarle a con las diferencias interculturales.

Volviéndose creativo:

Tengamos en cuenta la protección a la propiedad intelectual

Las compañías que subcontratan la fabricación a China tienen una preocupación legítima sobre cómo proteger efectivamente sus derechos de propiedad intelectual.

La indiferencia por los derechos de propiedad intelectual en China es un problema sistemático, y desafortunadamente su sistema judicial no se ha puesto a nivel de las necesidades de la comunidad empresarial.

Lo importante es recordar que el sistema legal chino sí provee cierta protección a los derechos de propiedad intelectual y la compañía extranjera puede hacer uso de las diversas protecciones disponibles.

Patentes, marcas registradas, *copyrights* (derechos de reproducción) y diseños de circuitos integrados pueden —y deberían— estar registrados. Los secretos comerciales, a pesar de ser amplia y vagamente definidos, pueden ser también protegidos. Otras medidas de sentido común para proteger sus derechos de propiedad intelectual incluyen: elegir cuidadosamente a sus socios, construir buenas relaciones con las agencias chinas de protección de derechos intelectuales y monitorear el mercado en búsqueda de productos que potencialmente estén infringiendo estos derechos.

A pesar de que se han dado mejoras significativas en las leyes de derechos intelectuales dentro de China, el negociante extranjero *debe* buscar consejo legal antes de realizar decisiones críticas. Afortunadamente hay un buen número de abogados que se especializan en leyes de derechos intelectuales dentro de China. Encuentre a uno bueno y regístrese con la agencia del gobierno apropiada.

Ensuciándose las manos

La globalización se ha convertido en un gran beneficio para el supuesto consultor. He visto negociantes de corto plazo colgando su propio aviso de consultores, sólo para encontrar que las leyes, regulaciones o su tutor clave desaparecen a la mañana siguiente. Es importante saber que los rápidos cambios en las leyes del sector en el extranjero no son sólo considerables, sino constantes.

Las prácticas empresariales cambian más rápido que el viento (y son a veces hasta menos predecibles).

En lugar de contratar a un consultor, yo sugeriría que consulte una de las tres principales fuentes. Usted debería buscar primero a (1) empresarios existentes que están en las trincheras a diario. Esta es la mejor fuente para conseguir una relación de tutoría.

Estos individuos están aprendiendo todos los días, aun después de años de experiencia; ellos son invaluables.

(2) Las agencias y organizaciones locales (departamentos de comercio norteamericanos, World Trade Centers, etc.) son una fuente excelente de información y pueden proporcionar información de contacto tan bien como apoyo técnico.

(3)No intento hacer una acusación generalizada de todos los consultores comerciales extranjeros. En el medio existen *algunos* consultores que *podrían* ser una buena fuente de información *si* usted es cuidadoso.

Personalmente, yo sugeriría tener en cuenta sólo aquellos que han tenido más de 10 años de experiencia dentro de China (no al visitante casual o al académico de paso con distinguidos títulos universitarios y ninguna experiencia real) y que tenga contratos en curso con compañías similares a la de usted. Unos cuantos meses de experiencia sólo convierten a esta persona en peligrosa (cuando alguien diga "sé como son las cosas en China..." sea muy precavido).

Aunque para mí, como lo ha podido notar, nada es mejor que ensuciarse las manos. Usted sólo puede leer, hablar y escuchar ideas hasta cierto punto antes de que dependa de usted tomar la decisión final y definitiva. Debe montarse en un avión y sumergirse en la cultura, la gente y sus leyes para poder convertirse en un empresario efectivo. Su compromiso debe estar enfocado en tender un puente sobre el desnivel cultural.

Usted escuchó lo que yo estoy pensando, pero...

¿Qué están pensando los chinos?

El territorio chino se ha convertido en uno de los destinos más populares para inversión, así como su economía se continúa abriendo y aumenta su orientación al mercado.

Con este desarrollo en curso, las inversiones extranjeras juegan un papel crucial en determinar el progreso económico de la nación.

La Academia China de Intercambio Internacional y Cooperación Económica, un grupo de expertos del Ministerio de Comercio, luego de seis meses de investigaciones para adquirir un visión interna de las tendencias relacionadas a la Inversión Directa Extranjera en China tanto como las políticas locales de inversión, completó recientemente un reporte sobre las tendencias de inversión extranjera desde el 2005 al 2007.

En resumen, el reporte estima que se esperan más inversiones en el lapso de tiempo estimado. El reporte cubre principalmente las 1.000 más grandes multinacionales de América, Japón, Corea del Sur, Hong Kong, Taiwán y Europa. Seguramente se está preguntando por qué ésto es de interés para la pequeña y mediana empresa. Bueno, éste muestra principalmente dónde serán ofrecidos los suministros de materia prima, así que le podrá enseñar dónde estarán ubicados sus clientes. Muy seguramente le mostrará *dónde* está ubicado su mercado.

De cualquier forma, no hay duda que los chinos están listos para darle la bienvenida a más inversión extranjera en los años venideros. Ellos esperan (según el contenido de este reporte) que un ochenta y dos por ciento de las compañías encuestadas aumentarán sus inversiones en China. Junto con esto, ellos reportan que la producción, ventas y desarrollo de tecnología también aumentarán.

La mayoría de grandes multinacionales dentro de China forman usualmente un *joint venture* hasta establecer un punto de apoyo en el país. Una vez éste demuestre un éxito moderado, comienzan a consolidar su inversión y a mover el producto desde su propio país a China. Su ventaja se basa en términos de capital, redes, conocimiento del mercado, tecnología e información.

Durante esta fase de desarrollo usted notará que la multinacional al comenzar a cosechar utilidades se dará vuelta para reinvertir agresivamente. Esta es la fase en la que China cree estar entrando. ¿Cómo le afecta a usted? Bueno, esta fase arrastrará consigo a muchos otros pequeños y medianos negocios. Básicamente, el camino está siendo pavimentado para los negocios más pequeños. Los proveedores se están volviendo abundantes, los consumidores más educados y la información más accesible. Las pequeñas y medianas empresas deben entrar en el mercado extranjero para mantenerse competitivas en sus propios países.

El tamaño sí importa (a veces)

Soy un gran creyente en los pequeños negocios, pero a veces las grandes compañías proporcionan los caballos de fuerza necesarios para abrir las puertas para el resto de nosotros. En el caso de China, ésto ya sucedió.

La clave para que entendamos estas implicaciones para el futuro es que la expansión de la gran multinacional depende de su magnitud en el mercado (su tamaño y fortaleza) y nivel de crecimiento (capacidad de producción) de sus industrias chinas. Tomemos por ejemplo la industria automotriz e informática; el mercado continental de la informática sumó un 30.8 por ciento del mercado asiático en el 2003 y se espera que aumente a un 38 por ciento para el 2005 y continúe aventajando al promedio global de la industria. (Dazen Shira, op.cit.).

Utilizando este ejemplo, los pequeños o medianos negocios que dan soporte o servicios a los mercados de informática tienen una excelente oportunidad de crecimiento en China, debido principalmente a la expansión de las grandes multinacionales. Por lo tanto, mantenerse al tanto de las grandes multinacionales en su propio sector puede proveerle de la perspicacia necesaria al momento de desarrollar su propia estrategia de expansión al extranjero. Usted puede —y debe— aplicar esto a cualquiera de los sectores de la industria.

China se ha preparado para abrir sus mercados en una extensión sin precedentes y ha creado una variedad nuevas oportunidades para la inversión extranjera en este periodo (2005) gracias al cumplimiento de los compromisos adquiridos por el gobierno al unirse a la Organización Mundial Del Comercio en el 2002.

Tengo la expectativa de que las multinacionales comenzarán a crear más puntos de venta minoristas a medida que el continente libere los sectores de distribución comercial. ¿Cuándo? Yo supondría que a fines del 2005 o 2006, si todo resulta como planeado.

Esto estimularía el crecimiento, y debería ser estudiado cuidadosamente para ser utilizado como su estrategia principal. El esperar más allá del 2006 puede causarle al empresario interesado una considerable perdida de oportunidades e ingresos.

Investigación & Desarrollo:

Necesaria y en aumento

China comienza a notar que las multinacionales (cerca del 61 por ciento) aumentan su inversión en la investigación y desarrollo (I+D). Sin embargo, las razones para ésto, como fue descubierto por el reporte que mencioné en la sección anterior, incluyen las siguientes:

- Sólo algunos esfuerzos de I+D son transferidos a las instalaciones en el extranjero. Las funciones centrales son retenidas en casa.
- Las inversiones de I+D están desplazándose hacia fusiones y adquisiciones.

- La I+D en tierra china se está enfocando hacia propósitos locales en lugar de estudios elementales.

Tenga en cuenta que aún la multinacional retiene la I+D en su oficina central. Este tipo de I+D requiere profesionales más preparados y es crítica para el futuro de la compañía. Las multinacionales son renuentes a mudar la I+D básica por fuera de su país de origen por una variedad de razones, de la cuales prima el hecho de que es más fácil mantener secretos en su propia oficina central.

El objetivo de esta discusión se centra en que la I+D está creciendo en China. Puede que no sea necesariamente del tipo más fundamental al cual esta acostumbrada su compañía o la mía, pero de igual forma es investigación y desarrollo enfocada en la utilidad. Además, creo que le tomará a China por lo menos otra década producir un ganador del premio Nóbel hecho en casa. Sin embargo, éste progreso es un punto crítico en el avance hacia leyes de propiedad intelectual más fuertes, las cuales creo son vitales para la mayoría de compañías americanas.

Los empresarios están comenzando a sentirse más cómodos con la protección de I+D.

Para el fin del 2004, las compañías extranjeras establecieron cerca de 700 centros de I+D en China. (United States Central Intelligence Agency, The World Fact Book. U.S. Government, 2004). Al observarlos, es evidente que hay diferencias fundamentales respecto a por qué cada compañía crea estos centros en China. Sin embargo, todas ellas demuestran un nivel de *confort* al proteger sus innovaciones.

De hecho, un 33 por ciento de ellas planean aumentar el número de proyectos asignados para estos centros (Shira, 2003).

Como siempre, debo prevenirlo sobre estas reflexiones. Es de vital importancia que usted planee y organice cuidadosamente su estrategia antes de implementarla. Las cifras son impresionantes, pero el progreso es lento.

La propiedad exclusiva prevalece

Entonces, ¿cuál es el método preferido de expansión global en Asia? Pasar de un *joint venture* a unas instalaciones de manufactura propias se está volviendo, aparentemente, una popular forma de hacer negocios en China. La mayoría (cerca del 57 por ciento) de las multinacionales apoyan este cambio y se están sintiendo más cómodas al momento de cooperar con los gobiernos y proveedores locales. (Dazen Shira, op. cit.)

Es interesante notar que cerca del 25 por ciento de las multinacionales que fueron encuestadas para el reporte mencionado dijeron que están "considerando la adquisición de compañías locales para darle un impulso a esta relación intercultural."

Obviamente, estas compañías están adquiriendo una mejor comprensión de los mercados del continente a través de su participación a largo plazo (Shira, 2003).

Los recientes ajustes a las reglas para WFOE (Empresas de Propiedad Extranjera) están levantando varias restricciones para el prospecto empresario. Son incluídos tanto los sectores de servicios como a los de manufactura.

Creo que los nuevos cambios en las reglas para WFOE le darán tanto un impulso a China como una oportunidad al pequeño y mediano empresario extranjero. Si está teniendo en cuenta a China como una oportunidad para expandir su mercado o para controlar costos, *ahora* es un excelente momento para actuar.

¡Ubicación, ubicación, ubicación!

Así que, ¿dónde debería instalarse el empresario americano en Asia? Como con todas las áreas de bienes raíces, los tres aspectos más importantes son: ¡ubicación, ubicación, ubicación! Para ese fin, las áreas de inversión giran alrededor de unas cuantas zonas en China. En orden de popularidad, se incluyen las siguientes:

1. La desembocadura del río Yangtze (47 por ciento)
2. El circulo económico de Bohai (22 por ciento)
3. La desembocadura del río Pearl (21 por ciento)
4. El noreste, occidente y centro de China (8 a 9 por ciento) (Dazen Shira, op.cit.)
5. La mayoría de compañías están invirtiendo en zonas de desarrollo dentro de estas áreas. Sin embargo, creo que la estabilidad del gobierno local, las leyes y el ¿cómo podemos aplicar de manera práctica nuestros negocios? son los más grandes inconvenientes que enfrentan los empresarios en China.

Los gobiernos locales juegan un papel importante en su negocio. Sin embargo, China debe asegurarse de que los gobiernos locales sean transparentes, eficientes y que mantengan las promesas hechas al prospecto empresario.

Algunas veces podemos pensar que tales promesas son muy buenas para ser ciertas, lo cual causa inquietudes sobre la sensatez de las declaraciones. Como un futuro empresario en China, su esmero en la investigación, relaciones y evaluación cuidadosa es crítica antes de llevar a cabo cualquier inversión, sin importar la ubicación.

El (alto) costo de la información

La mayoría de empresarios extranjeros en China con los cuales he hablado consideran a la información como el factor principal (crítico) de su éxito. La información "en" y "acerca de" China no es gratis. De hecho, el costo de obtener información sobre su industria, mercado, recursos humanos y legislación es relativamente alto. Esto, en conjunto con el limitado conocimiento de la región y las costumbres típicas del extranjero, retan la habilidad del gerente para realizar sus obligaciones.

Desafortunadamente, no hay respuestas fáciles para estas preguntas. Como señalé en los capítulos anteriores, usted no puede simplemente depender de un consultor o de un estudio investigativo desde el interior del país para realizar grandes decisiones sobre el futuro de su compañía.

Usted *debe* estar dispuesto a meterse en las trincheras y descubrir los hechos por sí mismo. Esto incluye el trabajar con otros negocios, lo cual puede ayudarle a adquirir experiencia real. Por lo tanto, es probable que usted incurra en gastos, no sólo en dinero, sino también en el tiempo y esfuerzo requeridos para extraer la información necesaria para que así pueda tomar la decisión correcta.

Enfrentando lo obvio

Durante visitas a mis instalaciones en China intento intercambiar empleados, así sea por unos cuantos días. ¿Por qué? La respuesta es sencilla y fundamental para el éxito: Encuentro muy importante y efectivo hacer que los empleados experimenten las diferencias culturales entre los países.

Al comienzo del 2005 llevé a un joven gerente a su primera visita a Estados Unidos. No fue sólo beneficioso el viaje para este individuo y mi persona, sino también una buena forma de abrir los ojos a todos. Él descubrió una mejor manera de comunicarse con la oficina doméstica y hasta dio buenas sugerencias sobre cómo podríamos manejar la mentalidad china durante periodos de conflicto y solución de problemas.

Fue durante esta visita, de hecho, que él comenzó a buscar un obsequio para su joven esposa en China, que estaba embarazada. Quería llevar a casa algo hecho en Estados Unidos, además de representativo de la cultura de nuestro país. Durante una de esas cacerías de fin de semana, comenzamos a darnos cuenta de que la mayoría de la mercancía era, en realidad, hecha en China y solo *comercializada* aquí en Estados Unidos.

También comenzamos a conversar sobre el mercado masivo que China está ofreciendo al mundo.

China tiene cerca del 20 por ciento de la población mundial. ¡Consume más del 20 por ciento de los celulares del mundo, fuma el 34 por ciento de los cigarrillos, consume el 10 por ciento de la electricidad mundial, se come el 19 por ciento de los pollos y el 19 por ciento del helado, compra más del 23 por ciento de la producción mundial de televisores, usa más del 32 por ciento del algodón y se come hasta el 12 por ciento de la carne de mundo! Y como si no fuera ya suficientemente asombroso, es ampliamente conocido que estos porcentajes siguen creciendo. (United States Central Intelligence Agency, op. cit.)

¡Vaya!

¿Qué más puede decir cuando le presentan estadísticas tan asombrosas?

¡Vaya!

China se esta capitalizando de jóvenes estudiantes los cuales son educados en el exterior y quienes están llevando conocimientos de finanzas, Internet, I+D técnico y estilos innovadores a China. De hecho, en 1.997 (siento estas las cifras mas recientes que pude encontrar), cerca de 65.000 estudiantes chinos estaban estudiando en el exterior.

China, al parecer, esta tan emocionada como prevenida sobre sus recién educados ciudadanos.

Recuerdo a alguien comentando que estaba tanto emocionado como atemorizado de crear otro Bill Gates. Yo creo que hay un grupo de jóvenes bastante decididos que ven un futuro sin límites

Suena como si estuviéramos en Estados Unidos, ¿no lo cree?

Mi firma de contabilidad en China contrata sólo a chinos que sean educados en el extranjero, lo que aporta riquezas en diversidad cultural y efectividad cuando se trabaja con corporaciones extranjeras. Esto es un ejemplo de lo que está sucediendo en China. Este país esta (y ha estado) progresando por mucho tiempo y creo que apenas está cogiendo impulso. ¿Entonces que quiere hacer? ¿Mantenerse a su nivel o tratar de alcanzarlos mas adelante?

Mi joven gerente chino continuó su búsqueda del regalo perfecto para su joven esposa embarazada que estaba en casa. El mayor problema era encontrar algo en Estados Unidos que no hubiera sido hecho en China.

Por fin, durante una visita a mi pequeña ciudad de origen, encontramos un almacén de indígenas estadounidenses donde compramos un par de mocasines hechos a mano. No estaba seguro de dónde vino el cuero, pero esperaba que fuera de Norteamérica y no de donde "usted ya sabe."

Una cuantas de semanas después, me encontré hablando con el grupo que distribuía los mocasines. Para mi sorpresa, los mocasines eran realmente importados de Canadá. La firma canadiense compraba el cuero de Argentina, las cuentas de China, el hilo de coser era de Australia y los trabajadores (que habían inmigrado años antes) eran principalmente vietnamitas. Cuando todo fue dicho y hecho, el precio era fijado y la mercancía colocada en exhibición en nada más y nada menos que en el inconfundible Estados Unidos, el producto, después de todo, era del continente americano con un pequeño toque de China (las cuentas).

Es importante para el empresario reconocer la importancia del mercadeo, comercio y manufactura global; además de mantener una visión global integrada junto con su estrategia de negocios. Entender cómo afecta a sus negocios y dónde existen las oportunidades es importante para el futuro crecimiento en un mercado global competitivo.

Ya no sólo competimos dentro de una pequeña área geográfica. Ahora competimos vendiendo nuestros productos tanto en diferentes países como en el nuestro. Como con China, este prospecto puede entusiasmarlo y, al tiempo, asustarlo. Pero el conocimiento es poder, y es mi esperanza que con el conocimiento incluido en este libro le haya dado el poder para conquistar este miedo y controlar este entusiasmo.

Unas palabras de precaución

Obviamente, este libro surgió de una necesidad específica; que en estos días existe mucho interés en Asia, siendo China el punto central de discusión. Con todos los libros, artículos, discursos y atención política apuntados al país del Sol Naciente, no debemos, sin embargo, olvidar el resto del mundo.

Sí, este libro se enfoca principalmente en Asia (como señala el título), pero pudo fácilmente ser llamado *El empresario americano en Suramérica* o *El empresario americano en Europa Oriental* o hasta *El empresario americano en Rusia.* (Y si todo resulta bien con este libro, ¡puede qué un día éstos existan!)

A medida que China se convierte en una cadena central de suministros de talla mundial, debemos mantener nuestros ojos y oídos en el resto del mundo. Es fácil dejarse atrapar por todo el furor y la emoción que recae sobre Asia, pero debemos ser conscientes de que los mercados se expanden rápidamente en otros países. Si bien esto tiene sentido empresarialmente, es fácil pasar por alto otras oportunidades de negocios cuando nos concentramos sólo en China.

Yo recuerdo lo raro que era ver una cara occidental en Asia durante mis primeras incursiones en los setentas y ochentas y hasta en los principios de los noventas. Ya no es así; y ésto me hace pensar, "¿dónde está la *nueva* Asia? ¿Quién será el próximo líder mundial? Después de todo lo que usted ha aprendido de este continente, ciertamente no voy a sugerir que ahora ignoremos a Asia y pasemos a pastos más verdes, pero lo que sí sugiero es que no prefiramos a Asia al nivel de excluir a muchos otros países atractivos y progresistas que un día pueden ser la nueva Asia.

Durante una de mis recientes visitas conocí a un empresario en Italia que expandiendo sus esfuerzos de ventas ha logrado que su negocio crezca en más de un 20 por ciento durante el último año. La competencia proveniente de Sudáfrica ha hecho bajar los precios; ahora él está considerando crear una nueva fábrica en Georgia, ubicada a lo largo de la frontera con el sur de Rusia y que obtuvo la independencia de ese país a mediados de 1992. Él cree que Georgia ofrece una excelente oportunidad, tanto para sus productos como para reducir sus costos de manufactura. (¿Le suena conocido?)

He estado tan ocupado últimamente con China que nunca pensé en Georgia. No es que ahora vaya corriendo a cambiar todo porque le dieron una idea. Pero es seguro que voy a considerar otros mercados para mis productos y servicios.

Mi consejo es *no* ignorar a otros países sino el *incluir* el panorama global al considerar mercados y oportunidades de negocios. Es entender que el mercado global es dinámico. (A propósito, también se trata de hacer algo al respecto).

Sí, una gran cantidad de negocios están enfocados en China en estos días; y esto no es casual. Hay muchas oportunidades para el empresario global en China, pero debemos mantener nuestra atención en *todo* el panorama. China es sólo un pedazo del pastel, un gran pedazo, claro está, pero hay muchos otros pedazos para degustar, y éstos, quién sabe, pueden tentar nuestro paladar.

Hace unos cuantos años estaba trabajando en un proyecto que involucraba a tres países: Estados Unidos, China y Rusia. Cada uno tenía su propio papel en el proceso de manufactura y cada uno contribuía de una manera única y significativa. Si sólo mantuviéramos nuestros ojos en China y no buscáramos en ningún otro lado las soluciones para nuestras necesidades, habríamos sido incapaces de encontrar una solución para este cliente.

Asia (y específicamente China) es sólo una parte de la comunidad global. Hemos considerado a China como un pedazo del pastel; ahora considere al mercado global como un rompecabezas. Si observamos sólo un pedazo; sea del pastel o del rompecabezas, podemos perdernos de grandes oportunidades al enterrar nuestras cabezas en la tierra.

Todo esto suena lógico y bastante fundamental, lo sé. Pero algunas veces es necesario utilizar palabras simples para compartir un concepto simple. Perdóneme si estoy exagerando, pero he visto a demasiadas personas tomar decisiones de negocios que se convirtieron en fracasos y que pudieron ser evitados si tan sólo hubieran tenido los ojos abiertos y observado el terreno a su alrededor.

Tomemos por ejemplo a una compañía que conocí, la cual apenas estaba entrando a China. La empresa estadounidense en cuestión estaba emocionada por los ahorros en costos y el potencial para vender sus productos dentro de China.

El mercado prometía duplicar sus ingresos dentro de un corto periodo de tiempo. El costo de ingresar al mercado era pequeño, y todo parecía apuntar al éxito. Después de mucha deliberación, ellos comenzaron su viaje.

En menos de un año, la fábrica estaba lista y en funcionamiento. Las órdenes de compra comenzaban a mostrar señales prometedoras de cumplir el crecimiento esperado.

Sin embargo, el desastre golpeó cuando una compañía hindú entró al mercado y recortó los precios al 50 por ciento.

El precio no era el único factor que apuntaba hacia la perdición de los norteamericanos; la calidad de la compaña hindú era excelente e impecable la calidad del servicio.

Dentro de los siguientes doce meses, la compañía estadounidense se retiro de China y ahora mantiene un pequeño segmento del mercado en Estados Unidos. La pérdida fue asombrosa, pero la compañía eventualmente recuperó su balance después de muchos despidos y otras medidas de reducción de costos.

El aspecto interesante de esta historia es que pudo haber sido totalmente evitada. La empresa hindú era un proveedor popular en Europa y estaba expandiéndose al mercado chino. La compañía norteamericana estaba tan enfrascada en el tamaño del mercado chino que no vio a la pequeña compañía hindú que venia atrás, y como resultado fue aniquilada.

La lección que debe aprenderse al respecto es que cuando se trata de elegir lo mejor para su compañía, usted no puede tener en cuenta un solo país. Cuando usted contrató a su más reciente empleado, no sólo entrevistó a un solo prospecto, ¿cierto? ¿Entonces por qué desestimar el futuro de su compañía? Este es un mercado global y debe observar todo el paisaje cuando esté tomando la decisión de expandirse por fuera de sus fronteras.

Recuerde, cuando todo esté dicho y hecho, las emociones se apaguen, el polvo se calme y usted quede solo con decisiones de negocios básicas, Asia sólo es una parte del mundo. Tan importante como sea, igual debemos ser diligentes y dar un paso atrás para observar el panorama global y así tomar la mejor decisión para nuestras compañías.

Palabras de despedida

Entonces, a fin de cuentas, ¿qué le depara el futuro? ¿Y por qué estoy calificado para predecir su futuro? Bueno, mi compañía es probablemente muy parecida a la suya y me he encontrado con muchas decisiones, emociones y preguntas que usted está experimentando ahora mismo.

Dicho esto, creo que *todos* los negocios en este país enfrentaran a China durante su existencia y se harán preguntas centradas en ya sea vender su producto en China o producir (o subcontratar) su(s) producto(s) en ella.

Estoy seguro de que si buscamos la etiquetas que digan "Made in China" encontraremos que ya estamos o compitiendo con los productos o vendiéndolos.

China está prosperando. Como lo hemos visto, simplemente participar en el juego puede ser tanto gratificante como frustrante, sin mencionar el trabajar, ganarse la vida y crecer en un mercado extranjero. Lo que haga usted para obtener la información necesaria para tomar decisiones sensatas será crítico para su éxito.

Mi recorrido personal a través de Asia ha sido una experiencia muy gratificante en mi vida, tanto personal como profesional. Estas páginas representan sólo unas cuantas de mis experiencias, las que espero sean de algún beneficio para el lector. Aprender de otros tiene sus beneficios, muy ciertamente, pero las experiencias que más perduran son las que vivimos nosotros mismos. Espero haberlo estimulado para que tome acción con su propio negocio, departamento o proyecto; o quizás sencillamente con su propio crecimiento personal.

Nos vemos en China…

CLASE ECONÓMICA AL ESTILO ASIÁTICO

APÉNDICE

Lecturas recomendadas para el empresario americano en Asia

He hecho referencia en este libro a la importancia de hacer sus deberes. Como todos sabemos, sin importar lo grandioso que parezca la Internet o qué tan fiable sea el consejo de un amigo, todos los deberes comienzan con una cosa: un buen libro.

En parte, escribí este libro porque muchas personas me pedían que lo hiciera. Ellos sabían dónde había estado y lo que había hecho. Querían que escribiera mis experiencias para aprender de ellas. Pero este libro es sólo una parte de la gran biblioteca dedicada a compañías que realizan negocios en Asia.

Estos son algunos de los mejores:

• *China Briefing: The Practical Guide of China Business,* de Dezan Shira (China Group, 2003-2004)

[*La Guía Práctica de Negocios en China*]

Esta debería ser una lectura obligatoria para todos los profesionales interesados en realizar negocios en China. Ellos no sólo publican una revista mensual, sino que también tienen un libro muy detallado que abarca temas desde historia hasta gestión de riesgo. Dezan Shira provee apoyo en leyes chinas, estructura fiscal y gerencia para todo tipo de compañías. Usted puede contactarlos a través de su página en Internet: www.dezshira.com.

• *Kiss, Bow or Shake Hands,* de Terri Morrison, George A. Bordon and Wayne A. Conaway, 1994 (B. Adams, 1995)

[*Beso, venia o apretón de manos*]

Creo que este libro lo deberían tener en su biblioteca todos los que estén considerando realizar negocios en otro país. *Kiss, Bow or Shake Hands* le provee la información más actualizada posible sobre lo que requieren y/o demandan las prácticas sociales y de negocios. Siempre lo leo antes de irme de viaje, a pesar de que he estado en el país cientos de veces. Me mantiene en sintonía con las prácticas apropiadas del país.

• ***Managing Cultural Differences:*** *Leadership Strategies for a New World of Business,* de Philip R. Harris and Robert T. Morgan (Butterworth-Heinemann, 2004)

[***Gestionando las Diferencias Culturales:*** *Estrategias de liderazgo para un Nuevo Mundo de Negocios*]

No estoy seguro de cuántas ediciones lleva este libro, pero es muy bueno, así sea que se encuentre una copia usada en la liquidación de inventario de una biblioteca. Puede que se incline hacia la perspectiva académica, pero realmente le da una base de conciencia sobre los factores culturales. Sugeriría leerlo inicialmente y releerlo después de seis meses de viajes de negocios internacionales. Realmente le cambiará la perspectiva sobre la gerencia y liderazgo en este nuevo siglo.

• ***International Management:*** *Managing Across Borders and Cultures,* de Helen Deresky (Prentice Hall, 2003)

[***Gerencia Internacional:*** *Gestionando a través de Fronteras y Culturas*]

Este libro globalmente orientado recoge las investigaciones y tendencias más recientes de la gerencia internacional. Ofrece casos detallados e integrados que ilustran los comportamientos y funciones reales, necesarias para la gerencia intercultural a un nivel estratégico e interpersonal. Incluye numerosas características que relacionan conceptos hacia prácticas del mundo real. Además incluye ejercicios prácticos para la autoevaluación de profesionales en negocios internacionales.

• ***International Business:*** *Environments and Operations,* de John D. Daniels (Prentice Hall, 2003)

[***Negocios Internacionales:*** *Entornos y Operaciones*]

Este clásico *bestseller* analiza las diferencias enfrentadas en ambientes internacionales, las estrategias generales que las compañías pueden utilizar y las alternativas prácticas para operar en el extranjero. Sus atractivos, abundantes mapas a color y casos de apertura, junto con ejemplos clásicos y contemporáneos proveen un método balanceado para todo tipo de funciones empresariales.

• ***International Management:*** *Culture, Strategy, and Behavior with World Map,* de Richard M. Hodgetts and Fred Luthans (McGraw-Hill, 2002)

[***Gerencia Internacional:*** *Estrategia, Cultura y Comportamiento con Mapa Mundial*]

Con una disciplina de investigación académica este libro aplica conceptos y técnicas a contextos de empresas que trabajan en ambientes multiculturales y multinacionales. Su quinta edición continúa fijando el estándar en textos de gerencia internacional gracias al contenido basado en la investigación y su balance entre cultura, estrategia y comportamiento.

• ***International Business:*** *A Managerial Perspective,* de Ricky W. Griffin and Mike W. Pustay (Prentice Hall, 2003)

[***Negocios Internacionales***: *Una Perspectiva Gerencial*]

Esta visión detallada de los negocios internacionales se divide en varias funciones empresariales, haciéndolas claras y fáciles de entender. Las expediciones desde un punto de vista cultural hacia la geografía, negocios y cultura llevan al lector en cada capítulo a una experiencia multimedia de un cierto país o región que provee de información útil sobre el impacto de la cultura en los negocios.

• ***Business Ethics:*** *A Global and Managerial Perspective,* de David J Fritzsche (McGraw-Hill, 2004)

[***Ética Comercial***: *Una Perspectiva Global y Gerencial*]

Esta segunda edición integra teorías sociológicas y códigos de moral que puede enfrentar un gerente en el mundo moderno de los negocios. Este libro combina la investigación y la teoría con casos y ejemplos del mundo real, preguntas de análisis y situaciones interactivas de tipo "¿qué haría usted...?

Referencias/Notas finales

Bates, C. a. L.-l. (2003). *Culture Shock! Taiwan.* Portland, Oregon, Graphic Arts Center Publishing Company.

Caroline Liou, M. C., Alexander English (2000). *China,* Lonely Planet Publications.

CIA (2004). *The World Fact Book,* U.S. Government.

CIA (2005). *The World Factbook*; Vietnam.

Hgoc, H. (1995). *Sketches for a Portrait of Vietnamese Culture.* Hanoi, The

Glol Publishers.

KTNET (1991). *Korean Culture,* The Trade Automation Service.

Lai, D. (2004). *A Referendum on Taiwan's Future: No Easy Exit,* CSIS Pacific Forum.

Lowe, K. (2001). *Finding a Business Mentor,* Entrepreneur.com.

Russell, G. (2003). *China.* WTCT, Tacoma, Washington.

Shira, D. (2003). 2004 *Business Guide to Shangai and the Yangtze River Delta,* China Briefing Media, Ltd.

Índice

A

Academia China de Comercio Internacional y Cooperación Económica, 167
Acuerdo general en tarifas y comercio (GATT), 9-10
Administración de Industria y Comercio (China), 50, 51
Adultos mayores, tratamiento en Corea, 102
Aislamiento, 42
Alfabetización, en Vietnam, 70
Apretón de manos, 78, 102
Arte de vender, necesidad de, 7, 18, 57
Asignaciones internacionales, 136, 154
Asociaciones colectivas (Vietnam), 67
Asuntos ambientales en China, 50
Asuntos de personal. *Vea también* Expatriado(s) 8, 56, 57, 70
- consultores, uso de, 166
- contratar a la persona correcta, 141, 145-148, 153-155
- descripción laboral, incluir elemento global en, 153, 154
- intercambio de empleados, 153, 164, 169
- nepotismo, 127
- noviazgos en la oficina, 127

Autodisciplina, en Vietnam, 80
Autorespeto, importancia de en Corea, 102
Automatización, 37
Autosuficiencia, en China, 25

B

Bancarrota, en China, 48
Beijing (China), 11, 30, 31, 32, 43
Business Ethics: A Global and Managerial Perspective, 179

C

Capital intelectual, disponibilidad de, 15
Carne de perro, consumo de, en Corea, 90, 91, 92
Cadena de suministros, 13, 14
- decrecimiento, 6, 7
- globalización y, 11, 13-15
- impuestos aduaneros, 56, 59, 60
- impuestos, en China, 56, 62
- ingresos empresariales, 55
- ingresos individuales, 56-57
- retener, 55-56
- valor agregado (IVA), 53, 54, 58, 59

Café
- cultivo en Vietnam, 73, 74
- tomar, en Taiwán, 103, 107

Certificado de derecho a propiedad (China), 50, 52
Certificado de Registro para Comercio Extranjero (China), 53
Cheng Cheng-kung, 109
Chiang Kai-shek, 110, 111
China Briefing: The Practical Guide of China Business, 163, Apéndice
China. *También vea* Taiwán
autosuficiencia en, 25
bancarrota en, 48
Beijing, 30, 31, 32
clase media, crecimiento de, 33
código de ética en, 23
conexiones, la importancia de, 24, 90, 118
corrupción en, 35, 58, 69, 110
crecimiento económico en, 10, 30, 38, 88
derechos sobre la propiedad intelectual, 39, 165, 169
desempleo en, 35, 57
Empresas de Propiedad Extranjera (WFOE), 46, 47-63, 162, 163, 168, 170
"enfrentar," 49, 75
estudiantes en el extranjero, 87, 172
ética laboral en, 23
fuerza laboral en, 161
gasto del consumidor en, 38
gobiernos locales, la importancia de, 57, 68, 170
guerra de Irak, oposición a, 39
historia de, 22, 34, 70, 84 -87, 118
importación de petróleo de, 62
importaciones y exportaciones por, 38, 62, 89
Inversión Directa Extranjera (FDI) en, 68, 167
joint ventures, 162
LLJG en, 162, 163
membresía a la OMC,(WTO, World Trade Organization) 40, 164
multinacionales operando en, 126, 167, 168, 169, 178
negociación financiera en, 35, 69, 89
oficina de representación (RO) en, 140
oportunidades de manufactura en, 38-39, 126, 139, 160, 162
pérdida de negocios a, 77
precio de transferencia, 43, 54
problemas de la moneda doméstica en, 161
protocolo de negociación, 24, 28, 96, 115
provincia de Guangdong, 46, 50
proyecto de Three Gorges Project, 33
respeto por las diferencias culturales, 11, 29, 81, 82, 87, 107, 115, 119, 124, 171
retos enfrentando, 19, 38, 46, 49, 67, 92, 106
riesgo de hacer negocios en, 39, 62
Shangai, 2, 30–33, 49, 112
Shenzhen, 30, 32, 36, 46, 48, 55
sistema bancario en, 35
sistema de dinastías en, 22, 23
tamaño de negocios extranjeros de arranque en, 165-166, 168
tasa de cambio en, 161
toma del poder de los comunistas en, 23, 43, 110
trabajo en equipo, importancia de, 25-26
transición de liderazgo en, 34, 38
tutores, mentores, la importancia de, 27

ubicación de negocios en, 48, 49-50, 168
vías y tráfico en, 36, 106
Sian (China), 34
y Corea del Norte, 39, 88, 97, 99
y Estados Unidos, relaciones con, 39 - 42
y Taiwán, relaciones con, 116 -120, 124
zona de libre comercio, 46, 57, 58-60
zona económica especial, 32
Crecimiento económico
en China, xix, 18, 27, 33, 34-35, 38, 42, 46
en Corea, 86-88
mundial, 38
Comando Garrison de Taiwán, 52, 111
Comerciando WFOE, 57-59
Comparación de montaje adentro y afuera de compañías extranjeras, 59-61
Comparación de WFOE adentro y afuera, 57, 58-62
Conexiones, la importancia de
en China, 27
en Corea, 89
en Taiwán (Guanxi), 116
Confucio, 23, 86
Construcción de relaciones
a través de fronteras, 6, 12, 15, 86, 98
con clientes y proveedores, 6-7, 9
consumo de licor de negocios en Corea como, 92, 95
karaoke en Corea, con, 31, 92, 95, 99, 102
lealtad y (Corea), 99, 100
Consultores, uso de, 166
Contabilidad del capital (China), 53
Contacto físico, 26, 77, 100
Contactos en culturas chinas, 126-127
Contratación de parientes, 141
Contratos, términos flexibles, 121-122, 139 154, 166
Control de gerencia, en China, 52
Conversación, temas apropiados para, 101, 102
Corea. *Vea también* Corea del Norte, Corea del Sur
adultos mayores, respeto por, 102
apellidos, 85
apretón de manos en, 102
carácter de las personas en, falsificar el, 80, 84, 85
conexiones, importancia de, 90
conflictos militares en, 86
consideraciones culturales, 81-87, 98-115
construcción de relaciones, métodos para, 83-95
contacto físico, 100, 102
"cara", 118
crecimiento económico de, 87-89, 94
dignidad y amor propio en, 79, 82, 102
disputas generacionales en, 77, 86-87
enseñanza de inglés, 98
globalización, deseo de, 87, 98
historia de extranjeros en, 80-90
idioma, 84-85
modestia en, 102
mujeres, el papel de, 102, 103
pies, actitudes acerca de los, 85, 103, 113
probando el compromiso de los extranjeros, 90
rango de palabras, 80-86
regalar en, 103
relaciones de Norte y Sur, 97-99

relaciones personales, importancia de construir, 98-100
songshilhan (lealtad) en, 99-100
sonrisas, significado de, 99, 101
técnicas de negociación en, 99, 101
televisión satelital, impacto de, 97, 98
tiempo, actitudes frente a, 99, 100
vestir, 102
y Estados Unidos, relaciones con, 88
y Japón, relaciones con, 86, 88, 89
Corea del Norte
y China, relaciones con, 84
y Corea del Sur, relaciones con, 97-99
Corea del Sur. *Vea También* Corea
comunidad empresarial en, 84
globalización, deseo por (*segyehwa*), 88
y Corea del Norte, relaciones con 96-98
Corrupción
en China, 60
en Vietnam, 69
Coocreativos, empleados, 71-73
Corporation Relocation News, 70
Cuenta de Comercio (China), 53
Cuenta de crédito extranjera (China), 53, 54
Cuentas en moneda extranjera (China), 53, 54, 55

D

Dar regalos, 28, 82, 101, 116-157
Deng Xiaoping, 23, 31, 35, 42
Departamento de Comercio Extranjero y Cooperación Económica (China), 50, 51
Departamento de Inversión Extranjera (China), 49, 68
Derechos de propiedad intelectual, 39, 48, 165, 169
Desarrollo de la infraestructura para el transporte privado, 36, 40, 58, 100
Desempleo en China, 35
Diferencias culturales, apreciación por, 7, 8, 11, 18, 24, 27, 147, 171, 178

E

Efecto Híbrido, expatriados, 137-138, 146, 147
Efecto Rey, de el uso de expatriados, 138-142
El Arte de la Guerra (Tzu), 23
Empresa cien por ciento de propiedad extranjera (Vietnam), 66, 67
Empresario global, definición, 10-11
Empresas Propiedad del Estado (SOEs), en Vietnam, 65, 66
"Enfrentar"
en China, 25-26
en Corea, 99
en Taiwán, 122
Enseñanza del inglés en Corea, 96
"Ensuciándose la manos," 7, 29, 163, 166
Estándar de vida
en Corea, 87
en Vietnam, 68
Ética
casándose con la cultura, 119
código de, en China, 23
como embajadores del *goodwill*, 152
como mentores, 152
conservación de, 150
contratando a la persona correcta, 141, 145-148, 153-155
definición, 130

dependencia de varios servicios, 137
desventajas en la utilización de, 132-133
disposición cultural, 146
Efecto Híbrido, 137-138, 146
Efecto Rey, 138-142
entrenamiento, 143-144
estabilidad en la cultura actual, 139
WFOE: Empresa de Propiedad Extranjera
evaluaciones continuas, 148-149
expatriados, 8, 119-120, 150
extensión del servicio al extranjero, 136, 137
fracasos, razones para, 155-156
habilidad comunicativa, 145-146
habilidades culturales de ventas, 147-148
información de, fuentes de, 131
interacción con compañeros, 149
malas razones para contratar, estudio de un caso de, 133-137
paga, 131
perspectivas globales sobre, 177
punto de vista cultural, 146-148
razones de las compañías para utilizar, 132
regla de los tres años, 137
regreso al país de origen, frecuencia de, 149, 150
repatriación de, 149, 150-153
reubicación de, 149
shock cultural en el regreso a casa, 150, 151
transferencia del conocimiento por, 149, 151-152, 154
y comparación de personas en tareas internacionales, 130-131
Ética laboral, en China, 46
Experiencia, importancia de aprender de, 2, 7, 29, 164

F

Fábricas WFOE, 57-58
Facsímiles, 12, 96
Fuerza laboral. *Vea también* Asuntos del personal , 41
acceso a, 15

G

Gabón (África), 39–40
Georgia (país), 25, 53, 54
Grupo Naranja (Corea), 87
Globalización
aceptación taiwanesa de, 124, 125
clientes y, 11, 13
competitividad y, 13-15
informática y, 11-13
oportunidades permitidas por, 2
sistemas de gerencia y, 10-11
Guangdong, provincia de (China), 46, 50
Guanxi (conexiones), 118, 121

H

Habilidades de ventas, 9, 41, 43, 81, 148
Hong Kong, 19, 30, 32, 33, 46, 88, 108
Hoover's Chinese Leadership Monitor 2.004, 35
Hu Jintao, 34, 39

I

iChat, 12
Igualdad de oportunidades, 10
Impuesto a ingresos Individuales, en china, 56-57

Impuesto de ingresos empresariales en China, 55
Impuestos aduaneros, en China, 57
Información
  costos de asegurar, 171
  fuentes de, 28
Informática (IT), papel en la Globalización, 11-13
Intercambio extranjero, restricciones en China, 53
Intercambio, globalización y, 9
International Business: A Management Perspective, 176
International Business: Environments and Operations, 178
International Management: Culture, Strategy and Behavior with World Map, 178
International Management: Managing Across Borders and Cultures, 178
Internet, influencia en la globalización de el, 12, 144
Inversión Directa Extranjera (FDI), 40, 67, 167
Investigación y Desarrollo (I+D)
  en China, 168-172
  videoconferencias y la, 12
Invitaciones a matrimonios, en Taiwán, 120
iShight, 12
IVA (Value added Tax, VAT), en China, 54–55

J

Japón
  apropiación de Corea, 85
  ayuda económica a Corea, 88
  clasificación mundial económica, xix, 18
  ocupación de Taiwán, 108
Jiang Zemin, 34
Joint ventures (riesgo compartido con capital mixto), 69, 162, 167
Justicia social, 10

K

Karaoke en Corea, 92, 95
Kiss, Bow or Shake Hands, 177
Kuomintang (KMT), 111

L

Lealtad, concepto coreano de, 99-100
Lecturas recomendadas, 177-179
Ley del intercambio extranjero (China), 61
Ley empresarial (China), 50, 62
Leyes extranjeras, respeto a las, 121
Libre comercio, argumentos en contra, 42
LLJG (China), 162-163

M

Managing Cultural Differences: Leadership Strategies for a New World of Business, 178
Manufactura
  crecimiento en China de la, 38-39, 126, 160
  declives mundiales en, 38
Materia Prima, accesibilidad de, 15
Mensajería instantánea, 12
Mentores (tutores)
  como maestros, 7
  empresarios actuales como, 166
  encontrar un, 27-28
  expatriados como, 153
  importancia de en China, 26-28

Mercados globales, naturaleza dinámica de, 173-174
Mercados sin Fronteras, 10, 15
Mercancía "Hecha en América" dificultad en encontrar, 156, 171
Millar, Lyman, 35
Modestia, 102
Moneda doméstica, problemas con (China), 161
Multinacionales, peligros de mezclar, 126
Museo del túnel Cuchi (Vietnam), 75

N

Negociación
consideraciones culturales y,. 121
en Corea, 99
expatriados y, 148-149
protocolo en China de, 24, 26
Nepotismo, en Taiwán, 127
Nombres chinos, obtener, 118
"Nueva" Asia, predicciones concernientes a la, 173

O

Oficina de Representación (RO)
China, 164-165
República de China, formación de, 110
Vietnam, 66, 67
Oficina China de Inspección y Bienes, 48
Operadores de comercio extranjero (China), 61
Operaciones comerciales, en China
precios de transferencias, 54
repatriación de las ganancias, 53
restricciones al intercambio extranjero, 53
temas de valor agregado, 53
tierras y edificios, 52
Organización Mundial de Comercio (OMC), 9-10, 39, 168
Outsourcing (subcontratación), 14, 122, 160

P

Perdida de empleos de Estados Unidos a China, 37-38
Petróleo, importación de, por China, 39
Pobreza, 43
Precios de Transferencia, en China, 54
Productividad, 70
Precios de Transferencia, en China, 54
Productividad, 70
Proliferación nuclear, 39
Propiedad única, ventajas de, 169

R

Recursos, utilización de, 9, 13
Relaciones personales. *Vea* Construcción de relaciones
Repatriación de las ganancias, en China, 53
República Popular China, formación de, 23. *Vea también* China
Responsabilidad limitada (China), 47-48, 164
Responsabilidad personal, aceptación de, 119. *Vea También* "Cara"
Retención de impuestos, en China, 46
Rotación de empleados en Vietnam, 72
Riesgo
al hacer negocios en China, 62
al hacer negocios en el exterior en general 130, 133

S

SARS, 39
Segyehwa, 87
Shangai (China), 32-33, 49
Síndrome del "Feo Americano", evitando, 26, 101
Sistema bancario, en China, 35
Sistemas educativos, 43
Songshilhan (lealtad), 99-101
Sonrisas, significado de, 80, 102
Sun Tzu, 26
Sun Yat - sen, 108
Supersticiones, en Taiwan, 118

T

Taiwán
  accesibilidad de, 106
  "cara," 118, 122
  Cheng Cheng-kung en, 109
  Chiang Kai-shek en, 111
  clima en, 107-108
  conflictos que ocurren en, 107
  consideraciones interculturales, 124
  consumo de café en, 106
  costumbres sociales en, 115-120
  dar regalos en, 116-117
  diplomacia del dólar, era de, 112
  espíritu empresarial en, 127
  Estados Unidos, relaciones diplomáticas con, 112
  fábricas caseras en 112-113
  futuro de, 126-217
  globalización por, 124
  Guanxi (conexiones), 118-120, 123
  guerras de Corea y Vietnam, efectos de, 111
  historia de, 106-110
  invitaciones a matrimonios en, 120
  Kuomintang (KMT), 109–110
  ley marcial, 111
  muerte, discusión de, 117
  nepotismo en, 127
  ocupación holandesa de, 108
  ocupación japonesa de, 110
  presagios, 115
  redes de información, importancia de, 127
  república, formación de, 110
  reunificación con China, 127
  tarjetas de presentación, la importancia de, 120
  teléfono celular, uso en, 107
  tráfico y control de tráfico en, 106
  ubicación de, 107
  y China, relaciones con, 35, 115
  zapatos, quitarse los, 116
Tarjetas de presentación, la importancia, 120
Tasa de cambio, 161
Tecnología
  influencia en la globalización, 11-13, 15
  y pérdida de trabajos, 37
Estados Unidos
  ayuda económica a Corea, 88
  comercio con China, 39, 40
  desarrollo de la infraestructura de transporte privado en, 40
  economía comparada con China, 18, 28
  globalización, actitudes frente a, 43
  relaciones diplomáticas con Taiwán, 111
  sistema educativo deficiente en, 43
  y Vietnam, relaciones con, 66, 75
Tendencias de la población
  en China, 33, 172

en el sudeste de Asia, xix
en Vietnam, 68
Teleconferencias, 97
Telecopiadora, 11-12
Teléfonos celulares, uso en Taiwán, 107
Televisión satelital, impacto de, 97
Télex, máquina, 11-12
Teoría de Comercio Internacional, 9
Tiempo, actitudes frente a, 25, 101
Tierras y edificios, en China, 52
Tifones, 107, 112
Tocar, 79, 103
Trabajo en equipo, importancia de, 25-26
Traducción en vivo, software de, 98
Tráfico, 36, 106
Tratado de Shimonoseki, 109
Three Gorges Project, 33
"Triángulo de Hierro" (Vietnam), 75

U

Ubicación en China, selección de, 49-50, 170

V

Vergüenza, 80, 119, 124
Videoconferencias, 11, 12, 150
Vietnam
actitudes de empleados en, 72-73
apretón de manos, 78
asociaciones colectivas en, 67
autodisciplina, 80
capitalismo en, actitudes frente a, 69
clima de inversión en, 69
clima de, 71
conflicto interno en, 69
corrupción en, 69
costos de manufactura en, 66
cultivo de café en, 73-74
cultura y costumbres, 77-82
idiomas de, 70
Inversión Extranjera Directa (IED) en, 67
licencias de inversión, aprobación de, 67-69
manejar desde China a, 36-37
Ministerio de Planeación e Industria (MPI), 68
minorías étnicas en, 70
museo del túnel Cuchi, 75-77
nivel de alfabetización, 70
nombres, importancia de, 78-79
organizaciones comerciales para compañías extranjeras, 68-69
población de, 80
recomendaciones de primera mano, referente a aduanas en, 81-82
regalos en, 82
representación hollywoodense de, 66, 67
rotación de personal en, 70, 71
salario mínimo en, 70
sonrisas, significado de, 80
tamaño de, 70
tendencias económicas en, 67
"Triángulo de Hierro", 75
tocar, 79
topografía de, 70-71
transición de, 66
vida estándar en, 78, 79
y Estados Unidos, relaciones con, 66, 77
Visión global, importancia de mantener, 173

W

Walmart, 38, 98
Wen Jiabao, 34
  asuntos ambientales, 50
  asuntos de impuestos, 54-58
  asuntos de valor agregado, 52-53
  asuntos legales, 52
WFOE: Empresas de Propiedad Extranjera, 46, 47-63, 162, 163, 168, 170
  comparación entre fabricación y comercio WFOE , 58
  comparación de zonas de libre comercio internas y externas, 58-60
  control de gerencia, 52
  definición, 47-48
  en China, 46, 47-63, 164, 170
  estructura de, 63
  leyes gobernantes, 47
  procedimientos de examen y aprobación para, 47-49
  procedimientos para establecer, 47 50-51
  repatriación de ganancias, 53
  requerimientos de registro de capital, 48
  restricciones de comercio exterior, 53
  tierras y edificios, 52
  transferencia de precios, 54
  ubicación, selección de, 49-50
  ventajas y desventajas de, 61-62
Wolf, Charles, 35

X

Xerox, Corporación, 11
Xian (China), 33

Z

Zhu Ronji, 34
Zona Económica Especial (china), 32
Zona de libre comercio (China), 46

www.ingramcontent.com/pod-product-compliance
Lightning Source LLC
LaVergne TN
LVHW090936080826
845145LV00003B/771

* 9 7 8 0 9 8 9 0 8 3 9 1 1 *